U0553901

Global Business Community

全球商业共同体

中国企业共建"一带一路"的战略与行动

柯银斌 著

商务印书馆
创于1897 The Commercial Press
2019年·北京

图书在版编目(CIP)数据

全球商业共同体:中国企业共建"一带一路"的战略
与行动/柯银斌著.—北京:商务印书馆,2019
ISBN 978 - 7 - 100 - 17231 - 8

Ⅰ.①全…　Ⅱ.①柯…　Ⅲ.①企业—经济合作—
国际合作—研究—中国　Ⅳ.①F279.23

中国版本图书馆 CIP 数据核字(2019)第 055024 号

全球商业共同体

中国企业共建"一带一路"的战略与行动

柯银斌　著

商 务 印 书 馆 出 版
(北京王府井大街 36 号　邮政编码 100710)
商 务 印 书 馆 发 行
北 京 冠 中 印 刷 厂 印 刷
ISBN 978 - 7 - 100 - 17231 - 8

2019 年 4 月第 1 版　　　　　开本 787×960　1/16
2019 年 4 月北京第 1 次印刷　　印张 17¼
定价:48.00 元

序：共建"一带一路"
需要提升公共外交能力

赵启正*

　　"一带一路"是中国企业"走出去"与"引进来"优先考虑的路径，因此，中国企业如何有效地参与共建"一带一路"就成为一个非常重要的现实课题。柯银斌先生的《全球商业共同体：中国企业共建"一带一路"的战略与行动》一书是探讨此题的专著，此书从理论、战略、行动三个层面提出了面对现实的建议方案。这必将有助于正在走上"一带一路"的中国企业！

　　此书提出了在"全球商业共同体"概念及框架中，中国企业共建"一带一路"的三项使命：通过与市场利益相关者建立战略联盟实现共同发展；通过与非市场利益直接相关者（政府、议会、法院、媒体、非政府组织、工会、宗教组织等）开展公司外交实现积极和平；通过与国际组织交流合作参与改善全球经济治理。可以认为，这是"高质量、高标准、高水平"三项要求在中国企业上的具体体现，这将有助于解决"发展赤字""和平赤字"和"治理赤字"三大全球性难题，

---

* 赵启正，中国人民大学新闻学院院长、国务院新闻办公室原主任、第十一届全国政协外事委员会主任。

切实履行中国始终做"全球发展的贡献者""世界和平的建设者"和"国际秩序的维护者"的承诺。

此书把跨国公司与东道国非市场利益直接相关者和国际组织之间的对话、交往和合作等行为定义为"公司外交"，与我多年来一直倡导、研究和推广的"企业公共外交"有着直接的关联。

2014 年 3 月，我主编的《跨国经营公共外交十讲》一书由新世界出版社出版发行。在该书中，我提出：企业（尤其是跨国公司），作为资本、知识、技术和人才高度密集的经济社会组织，是世界经济网络的重要节点，是社会经济、文化交往中最活跃的主体之一，具有开展公共外交的紧迫性和自身的独特资源和优势。在经济全球化浪潮中，越来越多"走出去"的中国企业成为世界各国人士认识中国的窗口。它们在国际关系舞台上扮演着重要的角色，是当代中国公共外交事业当仁不让的中坚力量，是"中国故事"的重要讲述者。

对企业而言，开展公共外交不仅是国家战略赋予的责任，也是企业国际化生存和可持续发展的客观需要。因为，公共外交是企业消除利益相关者误解、降低和化解非市场风险的有效途径，是企业履行社会责任的高级表现形式。

中国企业如何做好公共外交呢？第一，中国企业要有公共外交意识。了解和学习公共外交和国际关系的基本知识，认识到公共外交和政府外交组成国家的整体外交，意识到企业公共外交是中国公共外交体系中的中坚力量之一，相信企业公共外交不仅有助于祖国的国家形象（虽然有的跨国公司自称没有"国籍"，但在人们的心目中它们还是有所属的），而且有利于企业自身的国际化生存和可持续发展。第二，要有意识地开展公共外交行动。企业的国际化行动，无论有意识的还是无意识的，都会产生公共外交效果。无公共外交意识的行动产生正面的效果只是偶然的，要产生长期的、整体的、正面的效果必须是有意识的公共外交行动。这些行动既体现在企业日常业务经营活动中，也可体现在国际公共关系、社会责任中，还可以是专门策划组织的公共外交项目。第三，要在行动中不断提升能力。公共外交行动需要一定的能力支撑方可实现目标，公共外交能力是在行动前的设计中、具体行动中、行动后的总结中不断提升的。

具体到共建"一带一路"场景中，中国企业更需要提升自身的公共外交能力。"一带一路"倡议是国际合作和全球治理新模式的探索，"民心相通"是"五通"建设的主要内容之一，企业公共外交无论在国际合作、全球治理，还是在民心相通方面，都是大有可为的，能够发挥其独特的重要作用。

值得提及的是，此书把国际组织列为公共外交的对象，这不同于通常所说的公共外交对象范围。这个新提法在学术层面有待进一步探讨，但在实践层面是有价值的。中国企业与国际组织的交往，涉及中国企业在国际社会中的话语权和规则制定权，关系到全球经济治理的改进和完善。这又是一个新课题。

我热诚地向正在或准备"走出去"的中国企业管理层与公共外交的实践者和研究者推荐此书！

序：共建"一带一路"，关键在行动

刘起涛[*]

在"一带一路"倡议提出之前，中国交通建设集团有限公司（简称"中交集团"）及其下属企业就在国际工程承包市场经营多年，取得了较好的业绩。自 2013 年"一带一路"倡议提出后，中交集团更是融入国家战略，以"五商中交"[①]的战略定位，积极主动拓展"一带一路"国家和地区的市场。

这些年，中交集团累计在"一带一路"国家和地区修建公路、铁路 13 000 多千米，桥梁 180 余座，深水泊位 95 个，机场 17 座，提供集装箱桥吊 760 余台；参与投资建设 1000 多个项目，新签合同额 630 亿美元，规划运作 23 个园区，涉及的投资项目总规模达 60 多亿美元，成为"一带一路"建设的重要参与者、建设者和贡献者。

在这个过程中，我一直在思考中交集团如何更有效地共建"一带一路"。由于没有看到这方面的论著，我们就在实践中探索。现在，

---

[*] 刘起涛，中国交通建设集团有限公司董事长。

[①] "五商中交"即打造全球知名的工程承包商、城市综合开发运营商、特色房地产商、基础设施综合投资商、海洋重工与港口装备制造服务商。"五商"是要彻底改变基础设施建设"一头沉"的局面，从传统的只会承接工程的承包商向运营、投资要效益，拓宽中交集团产业发展的增长面和未来可能性。

有这本《全球商业共同体：中国企业共建"一带一路"的战略与行动》，真是"雪中送炭""困时送枕"。作者邀请我写序，我在出版前阅读了全部书稿。我发现，中交集团共建"一带一路"的许多做法与本书的基本思想有较多重合之处。以下结合本书的主要观点和我个人的亲历实践，谈些看法，与各位读者分享。

"目标"是共建"一带一路"的方向和指引。中交集团正朝着"培育具有全球竞争力的世界一流企业"的核心发展目标加快迈进。这是因为从中交集团国际化经营的总体进程来看，我们目前处于由中级阶段向中高级阶段加快跃升的关键时期，标志是由产业和产品竞争转为融入全球价值链、融入世界经济体系，逐步实现在全球市场配置资源。

本书提出以"创建全球商业共同体"为中国企业未来发展的目标，很有新意。全球商业共同体突破了传统跨国公司的发展模式，不仅要在市场环境中追求共同发展，而且要在非市场环境中构建积极和平，同时在全球经济治理中发挥更大作用。

"战略"是共建"一带一路"的内容和方式。本书提出的"基于利益相关者的合作战略"正是中交集团多年实践的真实写照。首先，从理念上，中交集团坚持"三者"[①]定位，长期致力于"共建共享打造发展共同体"，这是合作战略的核心。其次，在非洲"十大合作计划"中，中交集团的主要行动包括交通基础设施合作、以工业园区为主的工业化合作、以合作基金为主的中非金融合作、减贫惠民合作、以教育机构建设为主的中非人文合作。中交集团目前正在跟踪的、可列入"十大合作计划"的重点项目金额超过1000亿美元。最后，在具体项目上，

---

① "三者"即做政府与经济社会发展的责任分担者、区域经济发展的深度参与者、政府购买公共服务的优质提供者。

我们的团队既是所在国的商业合作伙伴，为当地提供可靠的基础设施推动经济发展；也是人才培养基地，近五年创造就业 14 万人次，把普通劳工培养成产业工人；还是社会志愿者，积极参与助学济困和社区建设；更是突发事件救援队，积极参与所在国自然灾害等抢险救灾活动。例如，肯尼亚的蒙内铁路项目建设过程中，中交集团与 300 多家当地企业开展了合作。

"具体行动"是共建"一带一路"的关键举措。本书倡导的战略联盟、公司外交与国际标准化，中交集团已实践多年并将继续努力。仅以国际标准化为例，第一，中交集团是中国基建标准的主要制定者（制定了中国 70% 以上的交通基建标准）；第二，中交集团将"中国标准"推广到全世界，例如，肯尼亚的蒙内铁路等多个项目均采用中国标准；第三，中交集团参与国际标准制定，2017 年，中交集团主编的两项挖泥船 ISO 标准已经通过国际标准化组织审核。目前，中交集团正在主导水运基础设施 BIM 技术 IFC 国际标准研究与制定。另外，在蒙内铁路建设过程中，中交集团发布了中国海外项目首份社会责任报告，并邀请联合国环境规划署到现场参加发布会。

我们认为，只有将企业扎根当地，与当地经济社会共生共赢、共同发展，筑牢"利益共同体"和"命运共同体"，才能在项目所在国真正实现可持续发展。这也是"全球商业共同体"的主要内涵。

因此，我向正在或准备参与共建"一带一路"的中国企业管理者推荐本书。

目 录 ▮

第二部分　理论探讨

第三部分　战略创新

第一部分

现状分析

本书的主题是"中国企业共建'一带一路'的战略与行动"。无论是战略，还是行动，都需要以现状（起点）为基础和前提。因为，战略本质上是面向未来的，是企业从起点到目标的方向、路线和途径，行动实质上是企业从起点出发，实现战略目标的重大行为和方式。

中国企业是共建"一带一路"的重要行为主体。中国企业共建"一带一路"的现状分析主要包括中国企业在共建"一带一路"中已经做过和正在做的事情，以及做这些事情的主要方式；不同类型的中国企业在共建"一带一路"中的角色与特征、地位和作用；中国企业在共建"一带一路"中存在的主要问题及其原因分析。

现状分析的主要目的在于使中国企业认识到：目前的战略与行动取得的进展和成就，以利于企业总结经验继续推进"一带一路"建设；认识到存在的问题及其原因，以利于企业寻找解决问题的方案；通过战略创新和行动实践，实现"一带一路"倡议对中国企业的新要求。

我们的初步观察和分析表明，"脱节"是中国企业在共建"一带一路"中存在的主要问题，具体表现为：（1）中国企业共建"一带一路"的战略与行动和"一带一路"倡议对中国企业的新要求相脱节。（2）对中国企业共建"一带一路"的研究与企业实践相脱节。

"惯性"是产生"脱节"问题的主要原因，具体表现为：（1）中国企业往往把国内的经营管理理念和方法带到国外，忽视了中国环境与国外环境之间的差异。（2）中国企业往往沿袭"走出去"的思路和方法参与共建"一带一路"，忽视了"走出去"与共建"一带一路"之间的差别以及"一带一路"倡议具有的创新性。（3）大多数中国企业研究者同样无视上述两种差异，没有投入足够的时间和资源开展"一带一路"创新性和企业案例研究工作，因而也就无法提出切合现实并指导下一步行动的企业理论和战略。

总体而言，"惯性推动"是中国企业共建"一带一路"现状的主要特征。这种状况如果继续下去，中国企业不仅无法满足"一带一路"倡议的新要求，而且其自身的可持续发展也将无法或难以实现。

因此，中国企业必须改"惯性推动"为"创新驱动"！

第一章

现状：五多五少

2018年是"一带一路"倡议提出五周年，已有不少的机构和人士发表了五周年回顾、评论的研究报告和文章。但是到目前，我们尚未看到关于中国企业共建"一带一路"五年的历程回顾和专门性的总结分析。在此，我们只能从国家领导人的讲话、政府和企业负责人的发言以及中国智库的研究报告中，查找、归纳出相关内容，并进行初步简要的分析。

第一节　习近平的重要讲话：凸显企业主体地位

2018年8月27日，习近平主席出席推进"一带一路"建设工作五周年座谈会并发表重要讲话：

2013年秋天，我们提出共建"一带一路"倡议以来，引起越来越多国家热烈响应，共建"一带一路"正在成为我国参与全球开放合作、改善全球经济治理体系、促进全球共同发展繁荣、推动构建人类命运共同体的中国方案。五年来，共建"一带一路"大幅提升了我国贸易投资自由化便利化水平，推动我国开放空间从沿海、沿江向内陆、沿边延伸，形成陆海内外联动、东西双向互济的开放新格局；我们同"一带一路"相关国家的货物贸易额累计超过 5 万亿美元，对外直接投资超过 600 亿美元，为当地创造 20 多万个就业岗位，我国对外投资成为拉动全球对外直接投资增长的重要引擎。（新华社，2018 年 8 月 27 日）

进出口贸易、对外直接投资、为当地创造就业岗位都是中国企业的作为。因此，中国企业在共建"一带一路"中的主体地位和作用明显。

第二节　国家发展改革委：五年来成效显著

国家发展改革委于 2018 年 8 月初发布五年来"一带一路"建设各方面工作取得的显著成效。其中与中国企业相关的内容如下：

高效畅通的国际大通道加快建设。中老铁路、中泰铁路、匈塞铁路建设稳步推进，雅万高铁全面开工建设。汉班托塔港二期工程竣工，科伦坡港口城项目施工进度过半，比雷埃夫斯港建成重要中转枢纽。中缅原油管道投用，实现了原油通过管道从印度洋进入我国。中俄原油管道复线正式投入使用，中俄东线天然气管道建设按计划推进。中欧班列累计开行数量突破 9000 列，到达欧洲 14 个国家、42 个城市。

在经贸投资合作方面。我国与沿线国家的贸易和投资合作不断扩大，形成了互利共赢的良好局面。今年上半年，我国与沿线国家货物贸易进出口额达 6050.2 亿美元，增长 18.8%；对沿线国家非金融类直接投资达 74 亿美元，增长 12%。目前，我国与沿线国家已建设 80 多个境外经贸合作区，为当地创造了 24.4 万个就业岗位。

通过加强金融合作，促进货币流通和资金融通，为"一带一路"

建设创造稳定的融资环境，积极引导各类资本参与实体经济发展和价值链创造，推动世界经济健康发展。截至 2018 年 6 月，我国在 7 个沿线国家建立了人民币清算安排。已有 11 家中资银行在 27 个沿线国家设立了 71 家一级机构。（央视网，2018 年 8 月 10 日）

第三节 商务部："一带一路"经贸合作取得五大成效

2018 年 8 月 28 日，国务院新闻办公室举行新闻发布会，介绍共建"一带一路"五年进展情况及展望。商务部副部长钱克明介绍，这些成效主要体现在以下五个方面：

一是贸易往来不断扩大。过去五年，我国同沿线国家贸易总额超过 5 万亿美元，年均增长 1.1%，我国已经成为 25 个沿线国家最大的贸易伙伴。

二是投资合作持续深化。五年来，中国对沿线国家直接投资超过 700 亿美元，年均增长 7.2%，在沿线国家新签对外承包工程合同额超过 5000 亿美元，年均增长 19.2%。同时，我们还不断放宽外资准入领域，营造高标准的营商环境，吸引沿线国家来华投资。

三是重大项目落地生根。比如蒙内铁路竣工通车，亚吉铁路开通运营，中泰铁路、匈塞铁路等开工建设，汉班托塔港二期竣工，巴基斯坦瓜达尔港恢复运营，中老铁路和中巴经济走廊交通基础设施建设等项目也在稳步向前推进。

四是经贸区建设稳步推进。五年来，中国企业在沿线国家建设境外经贸合作区共 82 个，累计投资 289 亿美元，入区企业 3995 家，将近 4000 家，上缴东道国税费累计 20.1 亿美元，为当地创造 24.4 万个就业岗位。

五是自贸网络建设不断扩大。我国已与 13 个沿线国家签署或升级了 5 个自贸协定，立足周边、覆盖"一带一路"、面向全球的高标准自由贸易网络正在加快形成。我国还与欧亚经济联盟签署经贸合作协定，与俄罗斯完成欧亚经济伙伴关系协定的联合可行性研究。（人民网，2018 年 8 月 28 日）

第四节　国务院国资委：中央企业涉足"一带一路"沿线项目超 3100 个

2018 年 10 月 30 日，中央企业参与"一带一路"建设媒体通气会在北京召开。国务院国资委副主任翁杰明介绍：

过去五年，中央企业积极投身"一带一路"建设，承担了沿线基础设施建设、能源资源开发、国际产能合作等领域的 3116 个投资项目和工程。

凭借在基础设施建设领域的优势，近年来中央企业主动参与"一带一路"沿线国家与地区的铁路、港口、公路、通信网络等方面的项目建设运营，包括中白工业园、蒙内铁路、雅万高铁等重大工程项目。

在深化能源资源合作方面，中央企业根据"一带一路"沿线国家经济发展需要，先后在 20 多个国家开展了 60 多个油气合作项目，在参与矿产资源开发中加强技术交流和共享，有效提升了沿线国家能源矿产资源开发的能力和水平。

与此同时，央企加大投资力度，加强在"一带一路"沿线开展国际产能和装备制造合作，着力推动所在国经济转型升级，多个工业、制造业项目在老挝、蒙古国、印度尼西亚等国家落地，有效满足了当地经济发展需求。

翁杰明表示，中央企业在"一带一路"建设中强调依法诚信经营，坚持本土化发展，注重生态环境保护，积极投身公益事业，在改善当地民生、促进文化交流等方面发挥了积极作用。统计显示，目前央企海外分支机构85%是本地员工，不少企业员工本地化率达到90%以上。（新华网，2018年10月30日）

第五节 全国工商联：民营企业是"一带一路"建设的生力军

2018年9月9日，首届丝路国际产能合作领军论坛在北京举行。全国工商联党组成员、专职副主席王永庆介绍说："我国民营企业赴海外投资的步伐日益加快，特别是随着'一带一路'建设的深入推进，民营企业对外投资屡创新高。"（中国网，2018年9月12日）

王永庆认为，与国有企业相比，发挥民营企业在"一带一路"建设中的生力军作用须坚定不移。"据国家信息中心数据显示，2017年民营企业与'一带一路'相关国家的进出口总额达到6000多亿美元，占与'一带一路'沿线相关国家贸易总额的43%，民营企业已经成为参与'一带一路'建设的重要力量。"（中国网，2018年9月12日）

另据全国工商联发布的《2018中国民营企业500强调研分析报告》显示，在2017年500强民营企业中，有274家企业参与了"一带一路"建设，实现海外收入（不含出口）7900 多亿美元（《经济日报》，2018 年 9 月 16 日）。

再据礼森智库的资料，目前在"一带一路"沿线建设的海外产业园区多属于民营企业带动建设模式。按照合作模式，这些海外产业园区可以分为三类：单个大企业主导建设模式（如东方工业园）、单个大企业＋东道国企业建设模式（如巴基斯坦海尔-鲁巴经济区）、多个大企业＋东道国企业建设模式（如柬埔寨西港特区）（搜狐，2018 年 9 月 26 日）。

第六节　复旦大学《"一带一路"2018 年度报告》

在 2018 年 10 月 14 日举行的第二届"一带一路"与全球治理国际论坛上，复旦大学一带一路及全球治理研究院发布了《"一带一路"2018 年度报告》。

该报告从多个领域和不同区域国别视角深入分析"一带一路"五年的总体状况、影响、风险短板与前景，总结五年取得的成就共五条，其中，与中国企业相关的内容有以下两条：

早期收获项目陆续落地，沿线贸易投资增长，沿线国家近三年投资增长率远高于世界平均水平，是中国贸易投资增长最快的地区，通过倡议带动投资贸易的效应已经显现出来。

一批产业园区开始进驻企业，跨国产业链雏形正在形成。投资加速增长使中国在"一带一路"沿线国家的产业布局基本形成。这种状况加速形成了中国与东道国双方在产业链上初具规模的状态，发挥了比较好的优势互补。

第七节 国家信息中心《"一带一路"大数据报告》(2018)

2017 年我国对"一带一路"国家进出口贸易总额达 14 403.16 亿美元，同比增长 13.45%，高于我国整体增速 6.00 个百分点，占中国进出口贸易总额的 36.20%。

民营企业成为"一带一路"贸易主力军，2017 年进出口总额为 6199.76 亿美元，占中国与"一带一路"国家贸易总额的 43.04%。

2017 年我国企业共对"一带一路"59 个国家非金融类直接投资 143.6 亿美元。2017 年，我国在"一带一路"国家新增国家级境外经贸合作区 19 个，涉及国家新增 4 个，入园企业增加 2330 家，较 2016 年年底增长 2 倍多，上缴东道国税费 11.4 亿美元，较 2016 年翻了一番。(国家信息中心"一带一路"大数据中心，2018：11—12)

该报告没有中国企业的具体情况和数据。

第八节 简要分析：五多五少

结合新闻媒体的相关报道，我们发现，中国企业共建"一带一路"的现状可归纳为"五多五少"。

一、中国企业参与多，外国企业参与少

在众多的新闻媒体报道中，中国企业占据了主角的位置，外国企业有时也被提及，但相比而言，对外国企业的报道甚少且不够深入。如果把外国企业大致分为东道国企业与发达国家跨国公司，那么我们

可以发现，新闻媒体报道发达国家跨国公司的较多，例如通用电气、西门子和汇丰银行等，报道东道国企业的较少。实际上，通过中国企业的官方网站，我们了解到，有较多的东道国企业参与共建"一带一路"。

二、国有企业参与多，民营企业参与少，外商投资企业参与更少

中国企业包括三种法律类型：国有企业（中央企业、地方国企）、民营企业和外商投资企业（中外合资合作企业、外商独资企业等）。国务院国资委说得清楚明白：国有企业尤其是中央企业是共建"一带一路"的主导性力量。民营企业虽在海外产业园区个数中占有相当的比重，但其投资规模较小。外商投资企业也是中国企业的一类，其参与共建"一带一路"更少。据《"一带一路"大数据报告》（2017）（商务印书馆，2017：91），在"一带一路"国家影响力排名前 50 名的中国企业中，只有 1 家为中外合资企业。

郑永年教授认为："'一带一路'以国有企业为主体，所从事的基建工程往往规模过大。规模过于巨大，对所在国来说，就具有国家安全的考量。……庞大的国有企业是一个相对封闭的实体，和其他实体没有太大的关联性，国有企业不向其他类型的企业开放，其他类型的企业难以参与国有企业投资。中国的民营企业很难受惠于国有企业，而对当地国家来说，这些国有企业的存在就有某种'威胁感'，至少是'不理解'。"（联合早报网，2018 年 11 月 20 日）。

三、国内企业合作多，中外企业合作少

国内企业合作共建"一带一路"项目日益增多，主要表现在：中央企业承建的基础设施项目中，全产业链"走出去"成为新闻媒

体报道的重点和亮点；民营企业"抱团出海"已从口号转为行动，海外产业园区建设带动了大批民营企业"走出去"。比较而言，中国企业与外国企业合作共建"一带一路"项目少。中国政府虽然大力推动中国企业与发达国家跨国公司合作共同开发第三方市场，但进展与成效一般。

值得关注的是，2018 年 10 月 26 日，第一届中日第三方市场合作论坛在北京举办（中华人民共和国商务部网站，2018 年 10 月 27 日）。来自中日两国政府、经济团体、企业代表 1000 多人出席了论坛，双方在交通物流、能源环保、产业升级和金融支持、地区开发 4 个分论坛上开展专题讨论，推动企业间务实合作与项目对接。论坛期间，双方共签署 52 项合作协议，包括基础设施、金融、物流、信息技术等领域。

四、市场行为多，非市场行为少

中国企业共建"一带一路"的成效主要表现在为当地创造就业岗位和推动当地经济发展，这是市场行为导致的市场成果，也是新闻媒体报道的重点和亮点。对中国企业的非市场行为（例如在当地履行企业社会责任），新闻媒体报道不多，也不作为重点。虽然，我们从中国企业官方网站上可以了解到更多的企业社会责任履行情况，但比较而言，中国企业更加重视市场行为，非市场行为并未列入大多数企业的战略议程中。

五、标准"走出去"多，创制国际标准少

中国国家标准"走出去"是中国企业共建"一带一路"项目新闻报道中的新亮点，这主要表现在两个方面：一是在具体的建设项目中，

当地政府同意采用中国国家标准；二是中国企业应要求协助当地政府制定所在国国家标准，中国国家标准成为所在国国家标准的主要内容。这主要发生在以非洲国家为代表的发展中国家（与标准国际化专家吴永泽的访谈，2018 年 10 月 31 日于北京）。

中国企业在共建"一带一路"中创制标准者少。目前可见的案例仅有阿里巴巴集团的世界电子贸易平台（eWTP）正在推进中。中国企业创制标准并成为国际标准者较少。

参考文献

《【"一带一路"倡议五周年】国家发展改革委：五年来成效显著》，央视网，2018 年 8 月 10 日。

《【礼森观点】"一带一路"海外园区建设之民企带动模式》，搜狐，2018 年 9 月 26 日。

《第一届中日第三方市场合作论坛在北京举行》，中华人民共和国商务部网站，2018 年 10 月 27 日。

《民营企业成为"一带一路"建设重要力量》，《经济日报》2018 年 9 月 16 日。

《商务部："一带一路"经贸合作取得五大成效》，人民网，2018 年 8 月 28 日。

《习近平出席推进"一带一路"建设工作 5 周年座谈会并发表重要讲话》，新华社，2018 年 8 月 27 日。

《中央企业涉足"一带一路"沿线项目超 3100 个》，新华网，2018 年 10 月 30 日。

复旦大学一带一路及全球治理研究院《"一带一路"2018年度报告》，2018年。

国家信息中心"一带一路"大数据中心《"一带一路"大数据报告》（2017），商务印书馆，2017年。

国家信息中心"一带一路"大数据中心《"一带一路"大数据报告》（2018），商务印书馆，2018年。

王永庆《民营企业是"一带一路"建设的生力军》，中国网，2018年9月12日。

郑永年《"一带一路"五周年回顾与展望》，联合早报网，2018年11月20日。

第二章
问题及解决：
从惯性推动到创新驱动

问题是指现实状况与目标要求之间的差距。正视问题，找出产生问题的原因，以创新方式解决问题，正是任何事业取得不断进步的重要思路和方法。

中国企业共建"一带一路"的问题就是前文分析的现实状况与"一带一路"倡议中的目标要求之间的差距。"双重脱节"是这种差距的主要表现：一是企业具体行动与"一带一路"倡议中的要求脱节；二是"一带一路"理论研究与具体实践脱节。产生脱节问题的主要原因在于中国企业的"惯性推动"，其主要表现为国内经营的惯性和"走出去"的惯性。为解决上述脱节问题，中国企业必须从"惯性推动"走向"创新驱动"。

第一节 习近平提出的要求

习近平主席是"一带一路"倡议的提出者。他对中国企业共建"一带一路"的要求，我们归纳如下：

我提出"一带一路"倡议，就是要实践人类命运共同体理念。

我国企业走出去既要重视投资利益，更要赢得好名声、好口碑，遵守驻在国法律，承担更多社会责任。

要注意构建以市场为基础、企业为主体的区域经济合作机制，广泛调动各类企业参与，引导更多社会力量投入"一带一路"建设，努力形成政府、市场、社会有机结合的合作模式，形成政府主导、企业参与、民间促进的立体格局。

推动各国政府、企业、社会机构、民间团体开展形式多样的互利合作，增强企业自主参与意愿，吸收社会资本参与合作项目，共同打造"一带一路"沿线国家多主体、全方位、跨领域的互利合作新平台。（习近平，2018：510、340、340、349）

特别是在推进"一带一路"建设工作五周年座谈会上，习近平主席提出了以下明确具体的要求：

过去几年共建"一带一路"完成了总体布局，绘就了一幅"大写意"，今后要聚焦重点、精雕细琢，共同绘制好精谨细腻的"工笔画"。要在项目建设上下功夫，建立工作机制，完善配套支持，全力推动项目取得积极进展，注意实施雪中送炭、急对方之所急、能够让当地老百姓受益的民生工程。要在开拓市场上下功夫，搭建更多贸易促进平台，引导有实力的企业到沿线国家开展投资合作，发展跨境电子商务等贸易新业态、新模式，注重贸易平衡。要在金融保障上下功夫，加快形成金融支持共建"一带一路"的政策体系，有序推动人民币国际化，引导社会资金共同投入沿线国家基础设施、资源开发等项目，为走出去企业提供外汇资金支持。……要规范企业投资经营行为，合法合规经营，注意保护环境，履行社会责任，成为共建"一带一路"的形象大使。要高度重视境外风险防范，完善安全风险防范体系，全面提高境外安全保障和应对风险能力。（新华社，2018 年 8 月 27 日）

2015 年 3 月 28 日，国家发展改革委、外交部、商务部联合发布的《推动共建丝绸之路经济带和 21 世纪海上丝绸之路的愿景与行动》及其后发布的相关文件，都有关于中国企业共建"一带一路"的原则和具体要求。

第二节　现实状况与目标要求的脱节

如果把现状分析的内容与习近平主席提出的目标要求进行对照，我们就不难发现，中国企业共建"一带一路"的实际行动与"一带一路"倡议的要求之间存在较多、较大的"脱节"之处（与美国洛厄尔麻省大学曼宁商学院创业与创新副教授孙黎的微信访谈，2018 年 10 月 29 日）。

这些"脱节"之处至少表现在以下多个方面：

第一，"一带一路"倡议要求中国与参与国共同发展，因此，中国企业必须广泛地与参与国企业建立合作经营关系，才能成为"全球发展的贡献者"。但实际上，中国企业承建和投资的项目多，与参与国企业的合作较少（当地法律规定必须合资经营除外），与发达国家跨国公司的合作更少。

第二，"一带一路"倡议要求"构建以市场为基础、企业为主体的区域经济合作机制，广泛调动各类企业参与，引导更多社会力量投入'一带一路'建设"。但在新闻媒体报道中，中央企业是最大的主体，各类企业参与不足，社会力量投入更少。

第三，"一带一路"倡议要求中国企业不仅要注意经济效益，而且要在当地履行社会责任，"成为共建'一带一路'的形象大使"。但在现实中，有些企业对项目投资可行性的研究不足，仅关心国家间政治关系，忽视项目本身的经济效益；有些企业非常重视企业的经济收益和回报，忽视在当地履行社会责任，破坏生态环境时有发生，成为中国负面形象的代表。

第四，"一带一路"倡议要求中国企业遵循现有的国际规则和东道国的法律法规，做"国际秩序的维护者"。但在现实中，有些企业并未严格做到。国际标准化组织原主席张晓刚于2018年7月27日在"温州讲坛"报告会上指出，环境管理、合规经营、企业社会责任和可持续发展已是国际标准化组织颁布的管理标准，中国企业应该采用。

第五，"一带一路"倡议要求"推动各国政府、企业、社会机构、民间团体开展形式多样的互利合作，增强企业自主参与意愿，吸收社会资本参与合作项目，共同打造'一带一路'沿线国家多主体、全方位、跨领域的互利合作新平台"。从新闻媒体报道中，我们看到许多智库、商协会、高等院校、文化机构等陆续成立同业联盟，但缺少"多主体、全方位、跨领域的互利合作新平台"。

第六，"一带一路"倡议文件中，虽然没有直接对中国企业提出在"民心相通"中发挥作用的要求，但由于中国企业的跨国性及资源和能力条件，中国企业应主动利用自身独特优势，发挥在"民心相通"中的重大作用，成为"世界和平的建设者"。

第三节　理论研究与行动实践的脱节

2016 年 8 月 17 日，习近平主席在推进"一带一路"建设工作座谈会上提出：要加强"一带一路"建设学术研究、理论支撑、话语体系建设（习近平，2018：359）。但是，目前的"一带一路"的理论研究工作滞后于共建"一带一路"的行动实践。

据中国社会科学院研究员赵会荣（2017）的分析，"一带一路"学术研究存在以下问题：（1）"一带一路"的概念不清。（2）宏观和中观研究较多，微观研究偏少。（3）应用对策研究较多，基础研究较少。（4）中长期前瞻性研究、独立研究、创新研究和批判性研究较少。（5）过分强调辩证法和全面性，结论"骑墙"。（6）在国内学术界，研究者或研究机构"单兵作战"的情况比较普遍，不同学科学者之间的合作研究以及研究机构的协同创新研究都不多，跨国合作研究更是凤毛麟角。（7）"一带一路"学术研究尚存在很多空白点，有待充分发挥求真求实、决策参谋、向社会解读政策、对外传播和战略对话的作用。

兰州大学教授杨恕（2017）系统地论述了"一带一路"与中国丝路学研究中存在的不足：（1）从研究成果的学科分布看，"文重理轻"明显。（2）相关研究停留于理论描述，缺乏实地考察。（3）从研究主题看，政策分析是主流。（4）从研究内容看，对一些重要的现实问题有回避。（5）从研究视角看，不够重视沿线国家的意见，尤其是那些反对声音。

2018 年 9 月 17 日至 18 日，"一带一路"理论研讨会在上海举行。本次研讨会由中国国际经济交流中心和上海社会科学院共同主办，国务院原副总理、中国国际经济交流中心理事长曾培炎出席并致辞，来自全国的在"一带一路"理论与实践领域尤其是理论研究方面有深刻功底的专家学者、政府官员及企业家代表约 30 人参加会议。

与会人士围绕以下七个议题开展"一带一路"理论研讨：构建人类命运共同体，推动新型经济全球化，构建新型国际关系，互联互通构建全球共享经济，构建全球产业链、供应链和价值链，东西方文化大合流，全球治理体系变革与完善。研讨会并没有专门的企业理论研究议题。

以上分析表明：在企业共建"一带一路"研究方面，对企业理论层面、战略管理领域和行动案例的研究很少或是空白（与宁波诺丁汉大学李达三首席教授李平的访谈，2018 年 11 月 23 日于宁波）。仅有三本书以"一带一路"企业为主题，一是王伟光荣誉主编的《助力中国企业走向"一带一路"：蓝迪国际智库报告》（中国社会科学出版社，2016），二是国观智库"一带一路"课题组的《生力军的进击：中国民企在"一带一路"建设中的地位和作用》（社会科学文献出版社，2017），三是薛力主编的《"一带一路"与企业行为：研究与实践》（中国社会科学出版社，2018）。期刊方面，中国管理学权威期刊《管理世界》至今只发表了五篇"一带一路"主题的论文；《中欧商业评论》《清华管理评论》《长江商业评论》等面向企业界的杂志刊发的与"一带一路"主题相关的文章也很少；《管理学季刊》2019 年拟以"'一带一路'与企业战略选择"为主题推出特刊。

第四节　惯性推动及其表现形式

根据《现代汉语词典》（第 7 版），物理学上的惯性是指"物体保持自身原有运动状态或静止状态的性质"，引申到社会科学中，惯性是指组织所具有的保持自身原有思维方式和行为方式的性质和力量。

惯性推动是中国企业及其研究者产生上述双重脱节问题的主要原因。其表现形式有：（1）中国企业往往把国内的经营管理理念和方法带到国外，忽视了中国商业环境与外国商业环境之间的差异，认为"我在中国行之有效的方法，在其他发展中国家也一定会取得成功"。（2）中国企业往往沿袭"走出去"的思路和方法参与共建"一带一路"，忽视了"走出去"与共建"一带一路"之间的差别以及"一带一路"倡议所具有的创新性。（3）大多数中国企业研究者同样无视上述两种差异，没有投入足够的时间和资源开展"一带一路"创新性、东道国国情和企业案例研究工作，因而也就无法提出切合现实并指导下一步行动的企业理论和战略。

这种惯性推动在"一带一路"倡议提出的第一个五年（2013 年至 2018 年）中存在，也许是正常的和可以接受的。但是，如果中国企业及其研究者在第二个五年继续这样的惯性推动的话，肯定是不太正常的和难以接受的。因为，这样一来，不但"一带一路"倡议无法得以贯彻和落实，而且中国企业的可持续发展也将难以实现。改变这种惯性推动状况也是笔者写作本书的初心。

如何改变这种惯性推动呢？这是摆在中国企业及其研究者面前的严峻的现实课题。我们认为，改变从国内到国外的思维和行为惯性需要中国企业的自觉或付出惨痛代价后的反思；改变研究者的惯性需要学者们的自觉或研究导向的调整[①]；改变沿袭"走出去"的思路和方法参与共建"一带一路"需要中国企业和研究者的共同努力，这也是本书写作的宗旨。

第五节　如何做到创新驱动？

改变中国企业沿袭"走出去"的思路和方法参与共建"一带一路"的惯性推动，需要全面认识到"走出去"与共建"一带一路"之间的本质区别。据我们初步的分析，中国企业共建"一带一路"（简称"共建"）与"走出去"至少存在以下几个方面的区别：（1）"共建"不仅包括"走出去"，而且包括"引进来"。（2）"共建"不仅是市场行为，而且要采取非市场行为，"走进去"还要实现"民心相通"。（3）"共建"要更多地采取合作经营方式"走出去"，实现共同发展。（4）"共建"还要"走上去"，参与全球经济治理（柯银斌，2018）。

不仅如此，中国企业应以创新驱动替代惯性推动。如何做到创新驱动呢？我们要充分领会习近平主席以下讲话的深刻含义：

"一带一路"建设本身就是一个创举，搞好"一带一路"建设也要向创新要动力。

"一带一路"建设是全新的事物，在合作中有些不同意见是完全正常的，只要各方秉持和遵循共商共建共享的原则，就一定能增进合作、化解分歧。（习近平，2018：435、525）

---

① 教育部指导地方高等学校设立国别和区域研究中心，正是调整研究导向的努力和尝试（与北京语言大学国别和区域研究院院长罗林教授的访谈，2018年10月12日于北京）。

　　那么，"一带一路"倡议是一个什么样的创新呢？其创新之处主要体现在哪里呢？我们认为，"一带一路"倡议是人类社会发展的"巨创新"。创新研究权威学者 E. M. 罗杰斯（2016：14）认为：当一个观点、方法或物体被某个人或团体认为是"新"的时候，它就是一项创新。创新的定义和它是否客观上为新的、是否为第一次使用等关系不大；个体对它的反应决定了它是否属于创新，如果人们认为是新颖的，它就是创新。因此，我们认为，"一带一路"倡议就其本质而言就是一项创新模式（与澳大利亚国立大学中华全球研究中心研究员桑晔的微信访谈，2018 年 10 月 22 日），而且不是一般意义上的创新，而是人类社会发展的"巨创新"。这个"巨"主要体现在两个方面：一是指规模巨大，即地理范围广、参与国家和地区数量大、共建组织和人员规模大；二是指全方位，即领域广泛，涉及经济、政治、社会、文化、生态等整个人类社会发展领域。

　　具体而言，"一带一路"倡议的创新之处至少体现在：（1）以构建人类命运共同体为最高目标。习近平（2018：510）说："我提出'一带一路'倡议，就是要实践人类命运共同体理念。"（2）以参与各国的共同发展为宗旨，坚持共商、共建、共享的基本原则。（3）以建立国际合作和全球治理新模式为主要内容，以政策沟通、设施联通、贸易畅通、资金融通和民心相通为国际合作的重点，以现有全球治理机制为基础，引导其向公平合理的方向发展。（4）建立政府、企业、社会机构多主体、跨领域的互利合作平台。

　　如果从现代化理论视角来认识和理解"一带一路"倡议，我们就不难发现"一带一路"倡议的创新之处。它摒弃了传统现代化的范式，正在引领人类社会发展走向"共同现代化"。"共同现代化"理论是我们对"一带一路"理论研究的初步探索（柯银斌和乔柯，2017）。其核心观点是：（1）传统的现代化范式（以民族国家为本位，以国家利益最大化为目标，以竞争取胜为主要方式等）在推进人类社会巨大进步的同时，导致了全球性问题的产生以及解决不力。（2）在全球性问题（发展不平衡与贫富差距、可再生资源不足和生态环境污染等）日益恶化的今天，我们必须抛弃传统的现代化范式，探索建立新型的现代化范式，以缓解和解决全球性问题，谋求人类社会的可持续发展。（3）"共同现代化"是新型的现代化范式，它以国际事业共同体替代民族国家成为行为主体；以共同体的共同利益最大化取代单个民族国家的国家利益最大化；以国际合作为主导方式，以互联互通建设为主要内容，同时改进和改善全球治理，追求可持续发展的目标。

刘建飞等（2018：235）认为：在合作共赢理念引导下，同以往存在的国际合作模式特别是西方主导的合作模式相比较，作为创新合作模式的"一带一路"已经展现出其鲜明特点。首先是开放性，其次是平等性，最后是互惠性。

既然"一带一路"倡议是创新，中国企业就应该根据"一带一路"倡议的创新要求，从理论、战略和行动三个层面进行创新驱动。只有这样，中国企业才能完成"一带一路"倡议赋予自身的使命和任务，同时自身也将获得可持续发展的优势。这三个层面的创新驱动，分别是本书第二、第三、第四部分的主要内容。

参考文献

〔美〕E. M. 罗杰斯《创新的扩散》（第 5 版），唐兴通、郑常青、张延臣译，电子工业出版社，2016 年。

《习近平出席推进"一带一路"建设工作 5 周年座谈会并发表重要讲话》，新华社，2018 年 8 月 27 日。

柯银斌、乔柯《"一带一路"与共同现代化》，一带一路百人论坛，2017 年 3 月 28 日。

柯银斌《中国企业参加"一带一路"与"走出去"有何区别？》，《丝路瞭望》2018 年第 1 期。

刘建飞、罗建波、孙东方等《构建人类命运共同体：理论与战略》，新华出版社，2018 年。

习近平《论坚持推动构建人类命运共同体》，中央文献出版社，2018 年。

杨恕《"一带一路"与中国丝路学研究综述》，《新丝路学刊》2017 年第 2 期。

赵会荣《"一带一路"学术研究的现状、问题与展望》，《俄罗斯东欧中亚研究》2017 年第 2 期。

理论探讨

中国企业共建"一带一路"需要创新驱动。这种创新驱动是多层面的，主要体现在理论创新、战略创新和行动创新。唯有三个层面的共同创新，创新驱动方可有效实现。因为，理论、战略与行动之间存在着相互依赖和相互作用的关系：理论需要企业战略和行动实践为素材，又要有适当的前瞻性和严谨的逻辑结构；战略不仅需要以某种理论为指导原则和逻辑基础，而且必须转化到具体的行动中；行动既要在理论框架内和战略指导下进行，又能够为新的理论和战略提供实践素材。理论、战略与行动的协调、配合和一致是企业成功的基本法则。

本书第二部分提出的"全球商业共同体"正是我们研究团队关于中国企业共建"一带一路"理论探索的初步成果。

到目前为止，中国企业的成长史主要是一部学习基于发达国家经济发展和企业发展实践的理论的历史。粗略地看，在改革开放第一个二十年，中国企业主要学习来源于西方发达国家的经济学理论。这些理论帮助中国企业认识到什么是市场经济、什么是市场经济中的企业，其主要作用在于使中国民营企业形成了抓住市场机会的能力，使国有企业改革成为具有自生能力的企业（具体参见林毅夫，2004）；在改革开放第二个二十年，中国企业主要学习来源于西方发达国家的工商管理理论。这些理论帮助中国企业培育和提升了自身的经营管理能力，尤其是核心能力理论影响最大。

今天进入到改革开放的第三个二十年，中国企业不仅要继续学习工商管理理论，尤其是跨国公司理论，而且要拓展全球视野，有选择地学习外交与国际关系等方面的理论和方法。外交与国际关系理论将帮助中国企业在全球化环境中形成和提升自身的风险防范和管理能力、参与全球经济治理的能力。同时，中国企业还要在学习的基础上，进行尝试和创新。这既是中国企业可持续发展的客观要求，也是中国企业共建"一带一路"的使命所在。

中国企业共建"一带一路"需要一种新理论。这种新理论既契合"一带一路"倡议的原则和要求，又是在现有多学科理论的基础上发展而来的，而且还要对中国企业共建"一带一路"的战略与行动有着实质性的引导或指导作用。

第三章
全球商业共同体及其学科基础

"全球商业共同体"（Global Business Community）[①]是我们提出的新概念，是关于中国企业共建"一带一路"的理论探索。这个概念试图回答两个问题：（1）中国企业作为行动主体如何才能有效地共建"一带一路"？（2）中国企业如何在构建人类命运共同体过程中发挥自身的作用？

作为一个概念，"全球商业共同体"是新的。但是，这个新概念并不是我们凭空臆造出来的，而是在众多学科的相关理论基础上回答上述两个问题的初步答案。

我们认为，全球商业共同体具有多学科的理论基础，这主要体现在以下三个领域及其相互作用上：（1）既是共同体理论、和平学理论在商业场景中的具体转化，又将丰富和完善共同体理论、和平学理论。（2）既是外交与国际关系理论和方法在跨国公司行为中的移植和应用，又将开拓外交与国际关系理论的新领域。（3）既是企业战略与组织理论在共建"一带一路"中的逻辑延伸，又将是企业战略与组织理论的创新（见图1）。

[①] 最初我们使用"国际商业共同体"，现在我们接受建议改为"全球商业共同体"。提供建议者为：阿里巴巴集团副总裁、阿里研究院院长高红冰，中国人民大学重阳金融研究院执行院长王文，中国现代国际关系研究院研究员宿景祥等。特在此致谢！

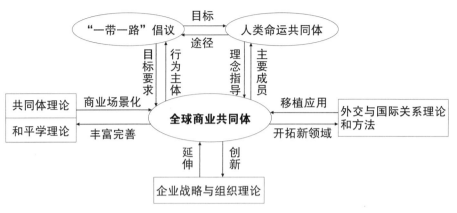

图 1　全球商业共同体的功能和学科基础

第一节　基本概念界定

简单来讲，全球商业共同体就是基于某个全球性商业场景的共同体。具体而言，全球商业共同体是指基于某个全球性商业场景，以其中的跨国公司及其利益相关者为成员的群体。在该群体中，跨国公司与不同类型成员之间的交往与互动，形成不同类型的关系（市场关系、非市场关系和治理关系），并实现不同类型的目标（共同发展、积极和平和改善治理）。

一、基点：某个全球性商业场景

人类社会是哲学意义上的共同体概念的基点（或分析单元），个人是社会学意义上的共同体概念的基点。与此不同，全球商业共同体概念的基点是某个全球性商业场景。这个基点具有以下特征：（1）具体性或实践性的，而不是抽象性或理论性的。（2）全球性的，涉及两个或两个以上多个国家，而不是某个主权国家内部的。（3）商业性的，以商业及其相关活动为主，而不是"高级政治"或国际军事的。

商业场景有多种类型和层次。例如，共建"一带一路"中的商业场景有：某个投资或承建项目、某个企业（主要是跨国公司）、企业战略联盟、产业园区和经济走廊等。如无特别说明，本书中的商业场景主要是指作为商业组织的跨国公司。

二、成员：跨国公司及其利益相关者

简单地讲，跨国公司是指在两个或两个以上国家从事商业经营活动的企业（具体参见康荣平等，1996），它是全球商业共同体的核心成员。能够影响跨国公司目标实现或被跨国公司目标实现过程所影响的组织、群体和个人，是跨国公司的利益相关者（或称"利益攸关方"）（具体参见弗里曼，2006）。它们是全球商业共同体的主要成员，也是共建"一带一路"的全球利益相关方（具体参见翟崑，2015）。

从跨国公司视角来看，其利益相关者包括：（1）母国和东道国的利益相关者，本书重点关注后者。（2）与跨国公司存在市场与非市场关系的利益相关者（蔡曙涛，2013：15—18），前者包括股东、员工、债权人、供应商、经销商、客户、合作者与竞争者等，后者包括东道国的中央与地方政府、政党及议会、非政府组织、大众传媒与互联网媒体、社会组织与社区公众等。本书重点关注后者。

我们认为，国际组织（政府间和非政府间）也是跨国公司的利益相关者，因而也是全球商业共同体的重要成员。从跨国公司角度来看，国际组织作为其利益相关者可以分为三大类型：（1）规则制定类，例如联合国及其专门机构、国际经济组织、国际标准化组织、国际商会、各个行业协会等。（2）规则监督类，例如以环境保护、人权保护、劳工保护、企业社会责任、反腐败等为宗旨的国际非政府组织。（3）和平公益类国际非政府组织，例如以和平运动、慈善公益、发展援助等为宗旨的国际组织。

当我们确定以某个全球性商业场景为基点或分析单元时，其共同体成员就能够基本确定（见图2）。

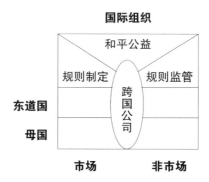

图2　全球商业共同体的成员类型

三、交往行为与关系形成

跨国公司采取的行为和跨国公司与利益相关者之间的交往，将形成相互之间的某种类型的关系。这就是全球商业共同体的构建途径和形成过程。

跨国公司针对市场利益相关者采取的行为以及交往所形成的关系是市场关系。这些行为和关系主要包括：（1）跨国公司内部利益相关者之间的治理及管理行为和关系。（2）跨国公司与外部市场利益相关者之间的交易或/和合作行为和关系。市场关系是基于某个商业标的物及其商业利益而形成的，其中的交易行为和关系是双方针对某个标的物的买卖、服务行为和关系，其目的在于满足各自的需求和商业利益；

合作行为和关系是双方或多方不断投入资源和人员的共同行动，其目的在于实现共同目标或共同利益。

跨国公司针对非市场利益相关者采取的行为以及交往所形成的关系是非市场关系。这些行为和关系包括但不限于：（1）政治行为与政商关系。（2）传播行为与媒体关系。（3）公益行为与社区关系。（4）冲突行为与化解关系等。其中的跨国公司与东道国非市场利益相关者和规则监督类、和平公益类国际非政府组织之间的沟通、交流、交往、合作等行为与关系，我们将其定义为公共外交（即公司外交）。

跨国公司针对规则制定类国际组织采取的行为及其形成的关系是治理关系。这些行为主要有两大类：一是遵照国际规则标准，例如履行企业社会责任和实行合规管理；二是创制国际规则标准，例如把本企业技术标准提升为国际标准。这种治理关系的建立就是企业参与全球经济治理的主要内容和过程。

四、目标：共同发展、积极和平与改善治理

共同发展是跨国公司与其市场利益相关者建立市场关系的主要目标，也是全球商业共同体的主要功能之一。

共同发展是合作各方的共同发展（通常称为"共赢"）。其内在的要求是：（1）某个合作方的发展不能以其他合作方的不发展或受损害为代价。（2）某个合作方在追求自身发展的同时，应促进其他合作方的发展。（3）拥有优势的合作方应承担更多更大的责任，帮助其他合作方发展。（4）合作各方的发展程度通常存在差异，但相互之间的差距不宜过大。具体到全球商业共同体中，共同发展的主要内容包括：（1）跨国公司内部成员的共同发展。（2）跨国公司与母国市场利益

相关者的共同发展。（3）跨国公司与东道国市场利益相关者的共同发展。（4）商业共同体与母国、东道国经济社会的共同发展。（5）全球商业共同体与人类社会的共同发展。

积极和平是跨国公司与其非市场利益相关者、规则监督类及和平公益类国际非政府组织建立非市场关系的主要目标，也是全球商业共同体的主要功能之一。

积极和平与消极和平是和平学中的基本概念。"消极和平只表示战争的缺失，指的是没有现有的和有组织的军事暴力发生的一种状况。积极和平不只是战争或国家间暴力的缺失，它涉及的是一种社会状况，在这种社会里，剥削被最小化或被消除，既没有明显暴力，也没有潜伏在结构暴力之下的更多难以觉察的现象。"（巴拉什和韦伯，2007：6—7）简单而言，和平 1.0 与战争相对，和平 2.0 与暴力相对，和平 3.0 与冲突相对。积极和平是和平 3.0，关注重点是冲突及其转化或化解（与联合国教科文组织和平研究教席、南京大学和平学研究所所长刘成教授的微信访谈，2018 年 10 月 30 日）。

跨国公司与其非市场利益相关者、规则监督类及和平公益类国际非政府组织的非市场关系，大多数情形中是冲突关系。这些冲突之所以产生，主要原因在于跨国公司拥有的资源与满足非市场利益相关者诉求所需要的资源存在较大的差距（与北京大学光华管理学院蔡曙涛教授的访谈，2018 年 11 月 1 日于北京）。跨国公司应对这些冲突，促使冲突转化或化解，正是非市场关系建立的核心内容。积极和平也就成为建立非市场关系的主要目标，其内在要求在于：（1）政商之间的"亲""清"关系。（2）商媒之间的充分沟通关系。（3）公司与非政府组织之间的声誉互助关系等。

具体到全球商业共同体中，积极和平的主要内容包括：（1）跨国公司与母国非市场利益相关者之间的积极和平。（2）跨国公司与东道国非市场利益相关者之间的积极和平。（3）跨国公司与规则监督类、和平公益类国际非政府组织之间的声誉互助关系。（4）全球商业共同体对世界和平事业做出的贡献。

改善治理是跨国公司与规则制定类国际组织建立治理关系的主要目标，也是全球商业共同体的主要功能之一。改善治理是国际行为体对全球治理结构和机制的参与、改进和完善，其目标是实现"良治"和"善治"。其内在要求是：（1）在遵从既有治理规则的前提下参与，谋求改善治理。（2）与其他国际行为体合作，共同参与，推进改善治理。（3）以人类社会可持续发展为指导思想制定改善治理的新规则和新标准。（4）坚持"共商、共建、共享"原则，参与和推进新规则和新标准的通过和实施。

具体到全球商业共同体中，改善治理的主要内容包括：（1）跨国公司遵循相应的国际组织制定的规则和标准。（2）跨国公司参与相关的国际标准组织，提升自身的标准制定能力和话语权。（3）跨国公司参与或创建国际行业协会、商会或产业联盟，掌握规则制定权。（4）全球商业共同体参与全球经济规则的制定，为实现"良治""善治"目标做出贡献。

最后，为了便于叙述和理解以及与实践相联系，我们把全球商业共同体分为三个组成部分：利益共同体、价值共同体和责任共同体（见表1）。[①] 利益共同体（或称发展共同体）是以跨国公司与其母国和东

---

① 刘建飞等（2018：237）认为利益共同体、价值共同体和责任共同体是人类命运共同体的三大构成要素。

道国市场利益相关者为成员的共同体，跨国公司采取的市场行为与市场利益相关者建立一种市场关系，共同发展（或减少发展赤字）是这些市场行为和关系的主要目标，致力于做全球发展的贡献者；价值共同体（或称和平共同体）是以跨国公司与其母国和东道国非市场利益相关者、规则监督类及和平公益类国际非政府组织为成员的共同体，跨国公司采取的非市场行为与非市场利益相关者建立一种非市场关系，积极和平（或减少和平赤字）是这些非市场行为和关系的主要目标，致力于做世界和平的建设者；责任共同体（或称治理共同体）是以跨国公司与规则制定类国际组织为成员的共同体，跨国公司采取的治理行为与规则制定类国际组织建立一种治理关系，改善治理（或减少治理赤字）是这些治理行为和关系的主要目标，致力于做国际秩序的维护者。这三类共同体将在第四章至第六章具体阐述。

表 1　全球商业共同体的组成

主要组成	利益共同体 （发展共同体）	价值共同体 （和平共同体）	责任共同体 （治理共同体）
主要成员	跨国公司与其母国和东道国市场利益相关者	跨国公司与其母国和东道国非市场利益相关者、规则监督类及和平公益类国际非政府组织	跨国公司与规则制定类国际组织
主要行为	市场行为	非市场行为	治理行为
主要关系	市场关系	非市场关系	治理关系
主要目标	共同发展或减少发展赤字	积极和平或减少和平赤字	改善治理或减少治理赤字
最终目标	全球发展的贡献者	世界和平的建设者	国际秩序的维护者

第二节　创新驱动共建"一带一路"

全球商业共同体是为满足共建"一带一路"和构建人类命运共同体的要求而提出的新概念。前文分析了"一带一路"倡议具有的多重创新性，并提出中国企业必须改变近五年惯性推动"一带一路"建设的现实状况，采取创新驱动来共建"一带一路"。根据我们的理解，对中国企业而言，"一带一路"倡议的创新之处就在于共同发展、积极和平和改善治理（柯银斌，2018）。之前，中国企业"走出去"或跨国经营战略的主要目标是中国企业自身的发展，例如"成为具有国际竞争力的跨国公司或世界一流企业"。今天，共建"一带一路"则要求中国企业不仅要获得自身的发展，而且要与东道国企业、发达国家企业通过创新合作模式实现共同发展。

在追求自身发展目标的指导下，中国企业往往忽视或不够重视与东道国非市场利益相关者（包括规则监督类与和平公益类国际组织）的交往，或者沿袭在中国环境中形成的交往惯性与东道国非市场利益相关者打交道，其结果是引发了不少不小的非市场风险。由于中国企业普遍缺乏应对这类非市场风险的能力，从而导致企业商业利益受损和企业声誉下降。今天，共建"一带一路"要求"民心相通"，中国企业由于其自身拥有的资源和条件，理应在"民心相通"建设中做出贡献。这就要求，中国企业在目标上转向共同发展的同时，形成和提升与东道国非市场利益相关者打交道的能力（即公司外交能力），从世界和平建设的高度实现积极和平的目标，成为"中国形象的大使"。

中国企业绝大多数是全球市场上的弱小者和后来者（商务部跨国经营管理人才培训教材编写组编，2009：163—198）。其中的一个主要特征就是中国企业缺乏国际技术标准和商业规则的制定权，只能在遵循发达国家（主要是美国、英国、德国、法国和日本）及其企业制定的规则标准前提下谋求发展。今天，共建"一带一路"要求中国企业参与全球经济治理，推动全球治理模式的创新。为此，中国企业要在继续遵循现有的规则标准的同时，形成和提升与规则制定类国际组织打交道的能力，通过加入、参与、担任职务、承担秘书处工作、领导某个委员会，以及共同主导或创办规则制定类国际组织等方式，逐步提升规则标准的制定权和话语权，推进改善治理，为全球经济治理实现"良治""善治"的目标做出贡献。

我们把共同发展、积极和平和改善治理这三项新要求作为全球商业共同体的主要功能，同时它们分别是利益共同体、价值共同体和责任共同体的主要目标。这样一来，中国企业共建"一带一路"就应以"构建全球商业共同体"为目标，首先通过构建利益共同体谋求共同发展，其次通过构建价值共同体追求积极和平，最后通过构建责任共同体实现改善治理。这就是中国企业共建"一带一路"的创新驱动之途径和方式。

第三节 切实构建人类命运共同体

国内学者对人类命运共同体的研究主要集中在人类命运共同体理念的内涵、思想渊源、现实基础以及世界和时代意义等方面。关于构建人类命运共同体的路径这个重要议题，江时学（2018）主要从人类命运共同体的五项内容（持久和平、普遍安全、共同繁荣、开放包容和清洁美丽）和地区共同体（亚洲命运共同体、中国-非洲命运共同体和中国-拉美命运共同体）两类途径阐述。陈岳和蒲俜（2018）主要从构建新型国际关系、践行正确义利观、引领全球治理体制变革和推进"一带一路"建设等方面进行说明。

与之不同的是，翟崑（2013）从理论研究、政策建言和实践参与多个层面探讨如何构建人类命运共同体。2011年9月，中国现代国际关系研究院发布《中国与亚洲：走共同发展之路》报告。报告指出，今天的亚洲在共同发展道路上正逐渐形成一个日益牢固的"命运共同体"。亚洲命运共同体应致力于三个"互联互通"：一是经济通，解决发展不均衡问题，加强地区基础建设的互联互通，逐步实现共同繁荣；二是制度通，破除制约发展的制度性障碍，如推进自由贸易区的建设，便利各国各界全面深入交往；三是情感通，加强人民的往来，不是追求价值观和意识形态的统一，而是追求命运共同体的认同，增进互信，化解冲突和分歧。

2012年5月21日，《人民日报》（海外版）发表了翟崑的文章《上下联动，合力推进》。该文认为，云南独特的区位优势和资源优势使其成为连接中国与东盟、南亚的桥梁和纽带，将云南建设成为"面向西南开放的桥头堡"的国家战略，终于从酝酿、考察、批准、动员阶段，进入到实质性的落实推进阶段。落实，就要培育最广泛的"命运共同体"，必须兼顾从草根民众到精英等各层次利益的诉求，必须将决策者、谋划者、执行者、建设者、参与者、评估者整合成一个有机运作的整体，必须探知支持者、旁观者、疑惧者、投机者、破坏者等的意图行动。由此，建设"桥头堡"就是要建设涵盖最广泛的"命运共同体"。

同年12月7日，广西钦州举办中国-东盟海上互联互通战略研讨会。翟崑介绍了"中国-东盟港口城市合作网络"的设想。该设想旨在通过钦州等中国港口城市与东盟港口城市进行广泛合作，促进中国西南腹地与东盟海上国家的海陆互联互通，建设海上的"命运共同体"。

同年 12 月 8 日，云南瑞丽举办瑞丽国家重点开发开放试验区专家咨询会。翟崑提了四点建议：一是研判天时，动态把握与试验区建设相关的区内外、省内外、国内外的整体发展态势；二是打造地利，根据形势发展，对试验区的定位和发展目标做出切合实际的解释和调整；三是促进人和，利用专业技能和人脉网络，协助试验区建设优化关系；四是优化策略，帮助试验区设计整体和具体功能领域的推进策略。

因此，我们认为，从国际行为体视角讨论构建人类命运共同体的具体路径较为合适和有效。这是因为，任何构建人类命运共同体的具体路径必须由特定的国际行为体去落实和推进。没有特定国际行为体去落实和推进的具体路径只能是纸上谈兵，不会产生任何实际效果。国际行为体主要包括国际组织（政府间和非政府间）、主权国家和跨国公司等。因此，构建人类命运共同体可通过这三类国际行为体去落实和推进。

全球商业共同体正是跨国公司作为国际行为体构建人类命运共同体的具体路径。跨国公司通过与其利益相关者之间建立市场关系、非市场关系和治理关系，逐渐形成利益共同体、价值共同体和责任共同体，进而形成全球商业共同体。中国跨国公司形成的全球商业共同体，与东道国和发达国家跨国公司形成的全球商业共同体，共同构成人类社会意义上的全球商业共同体。而这正是人类命运共同体的主要成员，它将与国际组织共同体（国际组织本身就是共同体）、主权国家共同体（例如欧盟、东盟等）共同构成人类命运共同体。

全球商业共同体不仅是应共建"一带一路"和构建人类命运共同

体的要求而提出的概念，而且也从共同体与和平学理论、外交与国际关系理论、企业战略与组织理论中吸取理论营养，进而拥有一定的学科基础。这就是本章下半部分的主要内容。

第四节 共同体理论的商业场景化

共同体理论非常庞杂，许多学科都研究过共同体问题，我们仅选择其中有代表性和可借鉴性的内容加以介绍。

首先是社会学。滕尼斯认为："共同体主要是在建立于自然的基础之上的群体（家庭、宗教）里实现的人类群体生活类型，此外，它也可能在小的、历史形成的联合休（村庄、城市）以及在思想的联合体（友谊、师徒关系等）里实现。"（转引自胡寅寅，2016：4）鲍曼（2003：2—4）认为："首先，共同体是一个'温馨'的地方，一个温暖而又舒适的场所。其次，在共同体中，我们能够互相依靠对方。令人遗憾的是，'共同体'意味着的并不是一种我们可以获得和享受的世界，而是一种我们热切希望栖息、希望重新拥有的世界。"胡必亮（2005：11、14）提出了"关系共同体"概念，用来"概括关系网络或关系群体所要表示的内容和含义"，其"所反映的社会秩序是建立在现实生活中各种实体的'小共同体'基础之上而又超越小共同体的一种特殊的共同体现象"。

其次是哲学。以马克思共同体思想为例，秦龙（2006）认为："从形态上来说，包括原始群、氏族、家庭、部落、农村公社、国家、阶级、货币、资本甚至共产主义社会在内的诸多形式都涵盖在马克思的共同体范畴之内；从规模来说，小到家庭大到社会都进入马克思的共同体视野；

从发展阶段和表现来看，原始群、氏族、家庭、部落、农村公社等'自然形成的共同体'，货币、资本等'抽象共同体'，国家、阶级等'虚幻共同体'以及未来共产主义社会的'自由人联合体'都可以纳入马克思的共同体范畴。"

刘海江（2016：20）把马克思共同体思想称为"实践共同体，即具有社会性质的物质生产活动就是把不同的个人联系在一个共同体之中的社会纽带和中介。……传统的共同体思想往往以血缘关系、风俗习惯、宗教信仰等自然的或精神的要素作为社会联系的纽带……实践共同体以物质生产为基础，以人们在物质生活层面的相互依赖为表现，社会联系纽带因而具有感性的客观性"。

张康之和张乾友（2011：1）认为："人类社会是以共同体的形式出现的，在人类历史的不同阶段，共同体的形式和性质都是不一样的。在农业社会的历史阶段，人类的共同体形式属于家元共同体的范畴；在工业化的过程中，人类建构起了族阈共同体；全球化和后工业化预示着合作共同体的生成。对共同体的把握，需要从社会整合机制、人的生活方式以及人的存在形态三个方面入手。家元共同体所拥有的是一种'自然秩序'，族阈共同体在社会治理上所追求的是一种'创制秩序'，而合作共同体将呈现给我们的是一种'合作秩序'。"

再次是国际关系学。阿德勒和巴涅特（2015：31、40）将安全共同体定义为："一个由主权国家组成的跨国区域，这些主权国家的人民对和平变革有着可靠的预期。……安全共同体最引人注目的特征，便是稳定的和平与跨国共同体的存在相绑定。……安全共同体的发展过程中三个程式化的阶段——新生阶段、上升阶段、成熟阶段……安全共同体是社会建构的。"

最后还有管理学。李伯聪教授从 2005 年到 2010 年发表了五篇有关工程共同体的专题论文，并在 2010 年主持出版了《工程社会学导论：工程共同体研究》（浙江大学出版社，2010）专著，书中对工程共同体的各类成员、工程共同体的两种类型以及所谓"工程共同体嵌入社会"都做了精到的分析（田凯今和谢咏梅，2018）。

国内关于企业利益共同体的已有研究，主要是在经济体制改革的背景下进行的，对"企业利益共同体"的概念和界定并没有一致的说法，主要观点有："杨昌光和唐四平（1989）认为企业利益共同体是一个'多元利益的结合体'，即在承认个体利益差异的基础上，去寻求整体利益的统一。由此，可以说利益共同体是差异性与一致性共存的结合体，也可说是利益共享、风险共担的结合体。常凯（1989）认为企业利益共同体的构建，是为了协调和处理企业内各种利益关系，特别是经营者与生产者之间的利益关系，而企业利益共同体的现实目标，是要保障和维护企业生产者的利益。国内已有文献中，对于企业利益共同体的研究大部分都与产权归属即生产资料的所有制改革有着密切的联系，主要集中在经济体制改革深化的背景下，研究企业内部经营者与生产者之间的利益协调问题，从企业的文化背景、思维观念、领导体制、劳资关系等角度做出了一些分析，并没有考虑到外部经营环境以及与利益相关者之间的关系。在新的网络环境和市场需求下，学者们关于企业利益共同体的研究极少。"（转引自孙琴，2015）

还有人直接把命运共同体理念运用到企业经营管理中，针对命运共同体理念蕴含的企业经营管理之道、企业内部命运共同体、企业之间构建命运共同体，以及形成企业命运共同体的形式及注意事项等方面进行了论述（具体参见蔡余杰，2017）。

由此看来，共同体概念是可以运用到全球性商业场景中的。在全球商业共同体中，我们主要采用了《韦氏第三版新国际英语大辞典》（1961）关于共同体的一般定义："首先，共同体是一个由不同个体组成的团体，单一的个体不能被称为共同体；其次，共同体的每一个成员通常都具有共同的利益，包括经济、政治、社会等方面的利益，并享受共同的权利，因此，具有共同特征和共同抱负的人更容易组成共同体；最后，同处于共同体中的不同个体之间一般具有互动关系，而不是孤立存在的，相应地，共同体中的每一个个体都必须遵守共同的规则或法律。"

并且，我们也认同以下观点：组织可以作为共同体的成员；物质生产关系可作为共同体成员之间的社会联系纽带；共同体是可以经社会建构的，有形成、发展和成熟的不同阶段。

第五节　和平学理论与跨国公司发展

一方面，跨国公司的发展可以为世界和平做出贡献，因此需要和平学理论的指导。

早在1998年，中国学者王巍等（1998："内容提要"第1页、第75页）就"通过评述跨国公司在当代世界政治经济格局中的地位和作用，阐述跨国公司与世界和平的关系"。他们认为："和平与发展是人类社会不懈追求的目标，只有当人类拥有了共同的利益时，和平与发展才开始有了希望。跨国公司的发展编织了联结世界的网络，使得国家间相互交融，'你中有我，我中有你'，由此而形成了一条共同利益的纽带。然而，在现实的经济生活中，随着跨国公司在世界经济地位的上升，它对世界的影响不仅仅是经济的，而且也是政治的。为了利益的选择，跨国公司有可能在推进全球经济一体化的同时，促进和平与发展的进程，但它的政治化行为又有可能带来矛盾与冲突。"此处的"和平"有两个不同的层次："甲，理想的和平，即战争被完全杜绝，主权国家之间从来不考虑通过战争的形式解决彼此间的冲突和矛盾，人类心中彻底排除了战争的恐怖阴影和对战争的向往心态。……乙，现实的和平，即非战争条件下的社会力量对比的均衡状态，是一种稳定的秩序，也是我们通常意义上所说的'争取'的和平。"

戴蒙德和麦克唐纳（2006：4—5）提出了"多轨外交"概念，并探讨多轨外交在缔造和平中的作用。他们指出："多轨外交由理解缔造和平活动这一复杂体系的概念和实用框架内的九个轨道组成：（1）政府，或曰通过外交缔造和平。（2）非政府／专业人士，或曰通过专业的冲突解决方式缔造和平。（3）商业，或曰通过商业缔造和平。（4）平民，或曰通过个人参与缔造和平。（5）研究、培训和教育，或曰通过学习缔造和平。（6）社会行动，或曰通过倡导缔造和平。（7）宗教，或曰通过笃信行动缔造和平。（8）资助，或曰通过资源缔造和平。（9）传播与媒体，或曰通过信息缔造和平。"

他们认为："商业在和平与解决冲突过程中的主要任务是建立关系并开创交流和联合行动的途径。商业还能增进各国及其人民的经济健康，从而减轻贫困和物质匮乏带来的经济压力，这种压力可能导致冲突。最后，由于贸易是实现全球相互依存的主要途径，因此通过贸易能建立起各种互信互利的纽带，从而加强整个全球大家庭的团结。……商业界在多轨外交领域占据着独一无二的地位，却最不易被人觉察。……这是商业及其对建设和平的现实和潜在影响的领域，这种影响通过提供经济机会、国际友谊与理解、交流的非正式渠道以及对其他缔造和平活动的支持而得以实现。"

另一方面，和平学中的积极和平理念和冲突化解的思路与方法，可帮助跨国公司提升其与非市场利益相关者打交道的能力，进而有效地构建和平共同体。

中国和平学专家、南京大学教授刘成（2013）指出："冲突与和平是极其复杂和相互关联的问题，其中很多方面并未得到人们的充分认识，也不存在一种单维度的解决冲突的方式。和平学的目标是实现一个更加公正与和平的世界，其研究重点是'如何用和平方式实现和平'。……和平学关心从人际关系到国际关系的所有层次上的相互作用，其价值基础和行动目的都是为了替代暴力。和平学从四个层面分析和平与暴力问题：个人层面、国家层面、国际层面和地球的生态系统层面。……和平意味着一种合作体系，人类在其中可以向和谐社会的美好方向持续发展。积极和平包括四方面内容：一是自然和平：物种之间的合作而不是斗争。二是直接的积极和平：由言辞和物质上的仁爱组成，有益自我和他人的身体、思想和心灵，关心所有人的基本需求、生存、幸福、自由和身份。三是结构性积极和平：以自由取代压制，以平等取代剥削。完成这种取代的方式，是对话而不是渗透，是整合而不是分割，是团结而不是孤立，是参与而不是边缘化。四是文化的积极和平：以和平的合法性代替暴力的合法性。在宗教、法律、意识形态、语言、艺术、科学以及学校和媒体中，建立一种积极的和平文化，打开而不是抑制人类的不同倾向和才能。……和平学视角下的冲突化解的目的，是如何在和平价值的框架内，将冲突表面的消极影响降到最低程度，将冲突的潜在积极因素激发到最大程度，找到一种各方可接受和可持续的方法实现冲突转化。冲突化解的基本原则可归纳为五点：一是人与问题分开；二是关注利益而不是位置；三是提出尽量多的、可能性的选择观点；四是根据公平的客观标准；五是坚持非暴力手段。"

第六节　国际关系理论与方法的移植应用

从全球商业共同体的知识需求及应用视角来看，国际关系理论和方法主要有以下四种作用：

一是引导思维。国际政治经济学把国际政治与国际经济结合起来，集中探讨国家与市场的关系问题，尤其是其中的跨国公司与国家（母国与东道国）关系的研究思路及成果（具体参见吉尔平，2006a、2006b；黄河，2008；斯特兰奇，2012），可以引导全球商业共同体构建者形成全球政治经济思维，更加全面深入地了解和把握跨国公司在全球政治经济格局中的角色、地位和作用，以及跨国公司与母国和东道国政府之间的政治经济关系。

特别值得提及的是约翰·斯托普福德与苏珊·斯特兰奇合著的《竞争的国家　竞争的公司》（社会科学文献出版社，2003）。约翰·斯托普福德是国际商业学教授，苏珊·斯特兰奇是国际政治经济学创始人和权威学者，该书的写作源于他们两人试图将国际关系学（International Relations）与国际经营学（International Business）结合起来，原因是他们对政府官员和企业主管们对对方工作的观点、政策选择和压力知之甚少而很是担心。他们提出的"三角外交"（Triangular Diplomacy）概念对全球商业共同体的构建有着重要的引导思维的作用。之前的外交主要指两个国家之间的政府外交，现在除政府外交之外，还有"三角外交"：政府与政府、政府与公司、公司与公司。还有，政府和企业一样必须要与非政府组织谈判。

二是提供知识。国际组织和全球治理理论中的诸多知识是全球商业共同体理论研究和实践构建所需要的。以国际组织为例，它们数量巨大，跨国公司需要首先弄清楚它们各自的重要性，以及它们与跨国公司之间关系的性质，然后形成并提升自身与国际组织打交道的能力（具体参见盛洪生和贺兵主编，2003；王杰等主编，2004）。在上文中，我们从跨国公司的视角把国际组织分为三大类：一是规则制定类，它们掌握规则制定权，跨国公司必须加入其中；二是规则监督类，它们主要从环境、人权、劳工保护、企业社会责任和合规经营等方面监督跨国公司的行为，跨国公司必须善于与其打交道，以维护自身的合法权益并提高声誉；三是和平公益类，它们主要从事和平运动和慈善公益事业，跨国公司可与其合作，借助它们的专业优势和能力，更有效地履行企业社会责任（具体参见王粤和黄浩明主编，2005）。

三是方法移植。海外利益保护／风险管理的具体途径和方法可以移植到全球商业共同体中。例如，刘静在《中国海外利益保护：海外风险类别与保护手段》（中国社会科学出版社，2016）一书中，归纳了当前中国可能面临的主要海外风险，包括经济风险、政治风险、公民和侨民人身安全风险、文化风险、地区和全球安全风险五类，并从政府的角度入手，分析了主要的解决途径。主要途径包括国际制度、"软干预"、传统外交、公共外交和军事保护手段五种。

目前，关于跨国公司作为主要行动者的海外利益保护或风险管理的途径和方法还缺乏归纳和研究。查道炯教授等人主编的《中国境外投资环境与社会风险案例研究》（北京大学出版社，2014）一书就显得更为重要。该书作者认为：我国企业"走出去"的过程，既经历了跨国投资中较为普遍的地缘政治风险、国家风险、东道国经济和法律及政策变化风险，也出现了一些与中国企业更加高度相关的问题。这些问题，特别是在跨国并购、境外经营过程中的环境保护和企业社会责任两个课题，在工程承包、建厂和开发能源、矿产、农业等自然资源领域尤为突出，影响着整个国家对外投资和企业"走出去"的可持续性。该书中的多个案例对中国企业风险管理实践颇有价值和意义。

四是直接应用。公司外交理论和方法正是全球商业共同体之价值共同体所需要的（具体参见赵启正主编，2014；赵世人编著，2015）。因为在上文中，我们把跨国公司与东道国非市场利益相关者和国际组织之间的沟通、交流、交往和合作行为定义为跨国公司公共外交（简称"公司外交"）。赵可金和尚文琦（2014）认为："公司外交成为跨国公司必不可少的新职能，是公司为了维护国家利益和国家形象、增强公司合法性，在遵守各国法律、制度和文化规则的基础上，同各国政府、公司、非政府组织、非营利组织、公众和个人之间开展的制度性跨国沟通和交流活动。就其形态而言，公司外交形成了游说外交、商务外交、社会外交三种主要运作机制。"

陈炜在《中国跨国公司公共外交》（广州出版社，2017）一书中把公司外交定义为："跨国公司遵循本国政府政策或者实际上契合政府对外政策的精神，通过企业员工的表现、企业在他国所进行的投资经营活动，以及企业所从事的其他社会活动的方式，在向国际社会和东道国政府、民众展示企业的理念、追求企业利益的同时，自觉或不自觉地发挥了本国与世界进行交流和沟通、传播本国的文化和精神、增进双边和多边互动的功能，从而直接或间接地提高了本国在国际社会和他国民众心中的形象，营造了有利于本国的国际舆论环境，维护了本国的国家利益的对外行为。"（陈炜，2017：14）陈炜又把中国跨国公司公共外交的活动模式（笔者认为，用"方式"一词更合适）归纳为三大类型：（1）面向国际的公共外交，主要方式包括参与国际公共事务管理、资助国际组织、加入全球行业协会、借力国际媒体。（2）面向东道国的公共外交，主要方式包括实现本土化经营、践行社会责任、参与对东道国的援助、组织文化交流、发声当地媒体、展开政府公关。（3）在国内开展的公共外交，主要方式包括邀请外国公司来访中国公司、举办国际会议展览、开展"请进来"培训（陈炜，2017：99—151）。

第七节　企业战略与组织理论的逻辑延伸

全球商业共同体概念的逻辑起点是商业生态系统。马尔科·扬西蒂和罗伊·莱维恩借助生物生态系统概念来描述和解释共同命运在商界中的表现及其重要性，提出了商业生态系统的新概念。他们认为："商业生态系统是由众多实体组成的一个大型的、松散联结的网络。就像生物生态系统里的物种一样，企业以一种复杂的方式彼此相互作用。每一个企业的健康与绩效水平，都取决于网络整体的健康与绩效状况。因此，无论企业还是物种，它们的健康与绩效都同时受到各自的内部能力与它们同这一生态系统中其他成员的复杂的互动关系的双重影响。这种类比可以在以下多个层面进行：公司、业务单位、技术、产品等等。"（扬西蒂和莱维恩，2006：49）。

　　商业生态系统强调的合作共赢正是全球商业共同体所需要的，以致可以认为全球商业共同体中的利益或发展共同体与商业生态系统同义。由于商业生态系统只描述了市场环境中的市场战略与行为，这只是企业所处的现实环境的一个侧面，我们又把非市场环境中的非市场战略与行为加入到全球商业共同体中，形成了其中的价值或和平共同体。

　　非市场环境与非市场战略由巴伦（2014：4—5）首先提出。他指出："商务环境由市场部分和非市场部分交互构成。市场环境特征表现在企业运营所处的市场组织结构和规范市场竞争的规则。非市场环境特征表现在企业所在的法律、政治和社会形态。非市场环境通过政府政策和公众期望影响市场环境内的竞争规则。企业在非市场环境中的竞争更加复杂，不仅要和其他企业竞争，还要和社会活动家、利益团体、公众和政府斗智斗勇。这就要求企业制定非市场战略，并与企业市场战略进行整合。"

　　北京大学光华管理学院蔡曙涛教授在《企业的非市场环境与非市场战略：企业组织竞争的视角》（北京大学出版社，2013："前言"第8页）一书中指出："目前高校商学院的'战略管理'课程基本上都是从企业的市场竞争或业务竞争视角分析企业的战略决策过程，核心内容聚焦于如何通过差异化战略（技术创新导向）和低成本战略（成本控制导向）形成企业的核心竞争力，关注竞争对手之间在供应链和价值链管理方面的能力差异。'企业的非市场环境与非市场战略'则从企业的非市场竞争或组织竞争的视角分析企业的非市场战略决策过程，核心内容聚焦于企业如何通过利益联盟战略、政治战略、诉讼战略、传媒战略和公关战略获取市场机会及获取、维护与修复企业的组织合法性，关注企业与其利益相关者之间基于获取资源或化解社会压力而形成的利益博弈关系以及超越利益冲突寻求合作共赢的非市场战略思维。"

无论是市场环境中的市场战略，还是非市场环境中的非市场战略，利益相关者及管理都是其基础性的概念和分析工具。因此，我们就直接把利益相关者作为一个基本概念引入到全球商业共同体中。与通常的利益相关者概念主要关注市场与非市场的分类有所不同的是，全球商业共同体中的利益相关者重点关注母国与东道国之不同，并增加了国际组织作为新的利益相关者。这不仅符合跨国公司的环境特征，而且包括了跨国公司的全部行为。其中，跨国公司与国际组织的关系是一个有待开拓的研究课题。

综上所述，全球商业共同体的理论来源与学科基础可归纳如表2：

表 2 全球商业共同体的理论来源与学科基础

共同体类型	理论来源与学科基础
全球商业共同体	共同体理论、和平学理论、外交与国际关系理论、企业战略与组织理论
利益／发展共同体	商业生态系统理论、利益相关者理论、企业风险管理理论与方法
价值／和平共同体	企业非市场环境与非市场战略、利益相关者理论、积极和平与冲突化解、国际非政府组织理论、企业风险管理理论与方法、公司外交理论与方法
责任／治理共同体	国际组织与全球治理理论、公司外交理论与方法、国际标准化战略与方法

参考文献

〔美〕D. P. 巴伦《商务学：市场与非市场环境》（第6版），耿莹译，清华大学出版社，2014年。

〔美〕R. 爱德华·弗里曼《战略管理：利益相关者方法》，王彦华、梁豪译，上海译文出版社，2006年。

〔美〕大卫·巴拉什、查尔斯·韦伯《积极和平：和平与冲突研究》，刘成等译，南京出版社，2007年。

〔美〕路易丝·戴蒙德、约翰·麦克唐纳《多轨外交：通向和平的多体系途径》，李永辉等译，北京大学出版社，2006年。

〔美〕罗伯特·吉尔平《国际关系政治经济学》，杨宇光等译，上海世纪出版集团，2006a年。

〔美〕罗伯特·吉尔平《全球政治经济学：解读国际经济秩序》，杨宇光、杨炯译，上海世纪出版集团，2006b年。

〔美〕马尔科·扬西蒂、罗伊·莱维恩《共赢：商业生态系统对企业战略、创新和可持续性的影响》，王凤彬等译，商务印书馆，2006年。

〔以〕伊曼纽尔·阿德勒、〔美〕迈克尔·巴涅特主编《安全共同体》，孙红译，世界知识出版社，2015年。

〔英〕齐格蒙特·鲍曼《共同体》，欧阳景根译，江苏人民出版社，2003年。

〔英〕苏珊·斯特兰奇《国家与市场》（第2版），杨宇光等译，上海世纪出版集团，2012年。

〔英〕约翰·斯托普福德、苏珊·斯特兰奇《竞争的国家　竞争的公司》，查立友等译，社会科学文献出版社，2003年。

蔡曙涛《企业的非市场环境与非市场战略：企业组织竞争的视角》，北京大学出版社，2013 年。

蔡余杰《命运共同体：未来企业形态与经营之道》，北京工业大学出版社，2017 年。

陈炜《中国跨国公司公共外交》，广州出版社，2017 年。

陈岳、蒲俜《构建人类命运共同体》（修订版），中国人民大学出版社，2018 年。

胡必亮《关系共同体》，人民出版社，2005 年。

胡寅寅《走向"真正的共同体"：马克思共同体思想的致思逻辑研究》，哈尔滨工业大学出版社，2016 年。

黄河《跨国公司与当代国际关系》，上海人民出版社，2008 年。

江时学《人类命运共同体研究》，世界知识出版社，2018 年。

康荣平等《中国企业的跨国经营——案例研究·理论探索》，经济科学出版社，1996 年。

柯银斌《如何评估投资项目的"一带一路"含量》，《中国—带一路年鉴 2018》，中国商务出版社，2018 年。

李伯聪等《工程社会学导论：工程共同体研究》，浙江大学出版社，2010 年。

林毅夫《自生能力、经济发展与转型：理论与实证》，北京大学出版社，2004 年。

刘成《积极和平与冲突化解》，《史学月刊》2013 年第 12 期。

刘海江《马克思实践共同体思想研究》，中国社会科学出版社，2016 年。

刘建飞、罗建波、孙东方等《构建人类命运共同体：理论与战略》，新华出版社，2018年。

刘静《中国海外利益保护：海外风险类别与保护手段》，中国社会科学出版社，2016年。

秦龙《马克思对"共同体"的探索》，《社会主义研究》2006年第3期。

商务部跨国经营管理人才培训教材编写组编《中外企业跨国战略与管理比较》，中国商务出版社，2009年。

盛洪生、贺兵主编《当代国际关系中的"第三者"：非政府组织研究》，时事出版社，2003年。

孙琴《基于网络的企业利益共同体模式研究——以小米公司为例》，东北财经大学硕士学位论文，2015年。

田凯今、谢咏梅《行动者网络理论视域下的"工程共同体"》，《工程研究——跨学科视野中的工程》2018年第3期。

王杰、张海滨、张志洲主编《全球治理中的国际非政府组织》，北京大学出版社，2004年。

王巍、马杰、张宇燕《没有硝烟的战争：跨国公司·和平·发展》，武汉出版社，1998年。

王粤、黄浩明主编《跨国公司与公益事业》，社会科学文献出版社，2005年。

查道炯、李福胜、蒋姮主编《中国境外投资环境与社会风险案例研究》，北京大学出版社，2014年。

翟崑《"一带一路"建设的战略思考》，《国际观察》2015年第4期。

翟崑《上下联动，合力推进》，《人民日报》（海外版）2012年5月21日。

翟崑《与"命运共同体"同行》，《世界知识》2013 年第 1 期。

张康之、张乾友《共同体的进化》，中国社会科学出版社，2011 年。

赵可金、尚文琦《公司外交：对跨国公司外交职能的一项研究》，《国际政治研究》（双月刊）2014 年第 5 期。

赵启正主编《跨国经营公共外交十讲》，新世界出版社，2014 年。

赵世人编著《企业公共外交指南》，外语教学与研究出版社，2015 年。

中国现代国际关系研究院《中国与亚洲：走共同发展之路》，2011 年。

第四章

共同发展：
全球商业利益共同体

全球商业利益共同体（或称"发展共同体"）是全球商业共同体的组成部分，具有基础性的地位和作用。它不仅决定了全球商业共同体的商业性质，而且界定了价值共同体和责任共同体的成员与边界、行为特征与目标实现。

全球商业利益共同体是基于某个商业场景，以跨国公司为核心成员，以跨国公司的市场利益相关者（母国和东道国）为主要成员，通过跨国公司的市场行为，与众多市场利益相关者建立市场关系，并实现所有成员共同发展的共同体。其中，共同利益是基础，合作关系是关键，共同发展是目的。因此，构建全球商业利益共同体就是跨国公司以共同利益为基础，通过建立合作关系实现共同发展的过程和行为。

为此，我们首先需要了解以下多个领域的理论与方法，例如跨国公司、合作伙伴与战略联盟、商业生态系统和未来企业组织形态等。然后各企业根据自身实际情况，选择合适的战略与组织理论，嵌入到企业的知识管理体系中，作为构建全球商业利益共同体的知识基础。

第一节　跨国公司新理论

薛求知（2007：30—31）把当代跨国公司新理论的要点概括为图1。他认为："众多新理论的贡献者形成的理论发展脉络是清晰的：资源和能力基础论成为新理论的共同出发点。企业拥有的资源和能力不仅是企业国际扩张的动力，企业国际化同时是企业获取外部资源提升能力的路径和手段，企业特有知识成了企业的核心资源。在整个过程中子公司具有前所未有的重要性。海外子公司正成为前沿思想的创造者、重要研究任务的承担者以及战略规划实施的积极参与者。也就是说，海外子公司不仅已经转变成为跨国公司专有优势发展的贡献者，而且，在这方面正扮演着越来越重要的角色。换言之，海外子公司正成为跨国公司知识网络中重要的学习者和知识贡献者，公司专有优势的产生与维持正由原来单一的母公司导向转变成为整个公司网络的集体责任。跨国公司的跨国并购和战略联盟是由于海外的目标企业或合作伙伴在资源和能力上有其独特的优势，而这些优势能够帮助跨国公司在原有的资源优势的基础上，开发出一种新的资源优势。

"全球学习是跨国公司在动态、复杂、不确定的全球竞争环境中为赢得全球竞争优势所做出的行为上的改变，跨国网络结构则是其为支持这种竞争行为改变而进行的组织结构上的变化。集群中的地方学习构建了有价值的关系网络，集群中公司间、个人间的相互学习形成了共同的认识基础，并发展了信任与合作的社会文化网络，促进了地方根植性的演化。这种具有地方黏性的知识资产因为稀缺性和不可复制、模仿和转移的特性而成为跨国公司全球竞争的区位优势源。而跨国公司为了获取这一区位优势，也必须根植于当地社会网络之中。

"新理论的落脚点在国际创新与创业，企业国际竞争力的最深层次的来源在于企业的创新和创业能力。创业具有'创新性、超前行动性和冒险性'的特征。成熟公司所具有的惰性阻碍了它们在新环境中的学习，而新创公司在新环境中的快速学习能力使得它们拥有知识创造优势，这种优势促进和支撑了新创企业的国际扩张。跨国公司的战略联盟、国际并购和子公司嵌入地区集群网络，都能够使其接触到多元、多方位、多地区的创新，从而产生信息溢出效应，给未来组织学习和成长提供机会。"

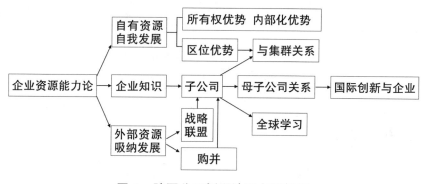

图 1　跨国公司新理论要点逻辑图

其中，网络组织理论是全球商业利益共同体知识体系中的基础部分，战略联盟是构建全球商业利益共同体的重要行动。

第二节　跨国公司网络组织

阎海峰（2007：122—124）专门探讨了"跨国公司网络组织"。他介绍说："网络组织被认为是一种不同于'市场和层级制'的新组织形式。Powell（1990）曾经归纳出了网络组织有别于市场安排与层级结构的一些关键性特征（见表1）。

"Cash等（1994）认为网络组织是由传统的'命令和控制'组织向一个'以信息为基础'的组织的重大转变，这种新型组织更适合于用来利用不确定性，而不是减少不确定性，因此似乎更适合于变化迅速且剧烈的环境。他们还将（企业内部）各种组织结构形式与网络组织进行了比较（见表2）。"

表 1　三种经济组织形式的比较

关键因素	模式		
	市场	层级	网络
规制基础	契约／产权	雇佣关系	互补优势
沟通方式	价格	惯例	关系
冲突解决模式	讨价还价／诉诸法律	管理命令／监管	互赖互惠规范
灵活性	高	低	中
成员间承诺	低	中／高	高／中
环境氛围	精确和／或怀疑的	正式，官僚化	开放，互利
行为者偏好或选择	独立	依赖	互赖

表 2　组织结构的比较

	职能式	事业部式	矩阵式	网络式
劳动分工	通过输入	通过输出	通过输入和输出	通过知识
协调机制	层次管理、计划和程序	事业部经理和公司职员	双重领导关系	交叉职能团队
决策权	高度集中	战略和执行分离	分担	高度分散
边界	核心／周边	内部与外部市场	多种界面	可渗透与变化的
非正式机制的重要性	低	中等	较高	高

（续表）

	职能式	事业部式	矩阵式	网络式
政治	职能部门之间	事业部之间	矩阵的各维	变化的联合
权威的基础	职务和专业知识	总经理的职能和资源	谈判技巧和资源	知识和资源

阎海峰（2007：128—129）将跨国公司网络组织界定为："嵌入（Embedded）全球异质（Heterogeneity）环境中的多维性（Multidimensionality）异等级组织形式，这种组织形式由跨国公司母公司与子公司以及子公司与子公司之间相互联结形成的内部网络，以及各个公司嵌入其中的外部网络组成。"

首先，跨国公司在整体上可以被认为是分散嵌入于非常不同的经济、社会和文化环境中的异质性组织形式，而且，随着竞争的加剧，对海外经营环境的嵌入性要求越来越高，子公司之间以及子公司与母公司之间的差异会越来越大。其次，跨国公司在多个国家市场上经营，具有多元化的产品线，进行多职能的活动，表现出多维性特征。最后，跨国公司网络组织是不同于任何简单层级组织形式的异等级组织，它在垂直方向上允许不同级别的部门（子公司）具有相当大的自主权，在水平方向上允许不同部门（子公司）之间的相互交流与协作，在整个组织内允许信息和任务在各个层级以及各个方向上的流动和分配。

阎海峰（2007）还认为，信任、文化控制以及知识协同应该成为跨国公司网络组织应对不确定性、有效实现知识流行和全球学习的重要组织原则。他还探讨了"网络组织与跨国公司全球学习""知识流动与跨国公司网络组织""网络组织与跨国公司竞争优势"等重要课题。

在很大程度上，跨国公司网络组织是通过战略联盟方式形成的。

第三节　国际战略联盟

1987 年 10 月 28 日，美国通用电气公司首席执行官杰克·韦尔奇在哈佛商学院的讲演中说："战略联盟在这场游戏（全球竞争）中扮演着至关重要的角色……它们是企业在全球市场上取得胜利的关键。……依靠企业自己的力量进行单打独斗是那些想在全球市场上取胜的企业在竞争中采取的最没有吸引力的方法。"

以上文字来自迈克尔·Y. 吉野和 U. 斯里尼瓦萨·朗甘合著的《战略联盟：企业通向全球化的捷径》（商务印书馆，2007：3）。在该书中，作者以美国企业在海外市场的国际战略联盟案例为基础，深入地探讨了战略联盟的三个基本问题：为什么要建立联盟？如何更好地实施联盟？联盟的管理获得成功需要哪些关键因素？（吉野和朗甘，2007：5）

联盟实质上是由两个或多个独立的公司形成的一种相互合作的关系，而每个公司本身都有自己的议事日程、经营战略和企业文化。战略联盟联系着两个或多个公司商业往来的各个具体层面。这种联盟的核心实质上是一种契约性的贸易合作伙伴关系。它通过促进各方互利的技术、技能贸易以及基于这些技术和技能生产出的产品的贸易，提高参与联盟的各公司竞争战略的有效性。该书作者特别强调联盟必须具备下面三个必要且充分的条件：（1）共商——联盟成员共同追求一系列达到一致的战略目标，且保持相互独立。（2）共建——各成员在一个或多个关键战略领域(如技术、产品等)连续不断地进行投入。（3）共享——各成员共同分享联盟带来的利益，并共同控制各方所承担的任务的绩效（吉野和朗甘，2007：6）。

依照"冲突潜能"和"组织间相互影响的程度"，战略联盟可划分为图2的四种类型（吉野和朗甘，2007：27—29）。亲竞争性联盟的各成员通常是跨行业的垂直价值链关系，例如制造商与供应商或分销商之间的联盟；非竞争性联盟通常发生在同一行业内不存在任何竞争关系的公司之间；竞争性联盟中的成员，在最终产品市场上将成为直接的竞争对手；预竞争性联盟主要是把不同行业的公司联合在一起共同从事明确的活动，比如共同进行新技术的研发等。

战略联盟主要有四类目标：保持战略灵活性、保护核心竞争力、向合作伙伴学习和提升自身价值。不同类型的战略联盟在战略目标追求上有相对的重要性（见表3，吉野和朗甘，2007：30—31）。

全球化（需求全球化、供给全球化、竞争全球化、战略全球化）是战略联盟产生的主要原因和动力。因为全球化竞争的加剧，原来对许多跨国公司行之有效的通用战略逐渐失去了往日的作用，因此，从创业的角度考虑重新制定全球竞争战略是进行战略联盟的起点。

战略联盟的形成可遵循如图3的路线图进行，其具体内容以及战略联盟的管理可参考吉野和朗甘（2007：116）。

图2 战略联盟的四种类型

表3　各类战略联盟战略目标的相对重要性

联盟类型	战略目标			
	战略灵活性	核心竞争力保护	学习	提升价值
预竞争性	****	***	**	*
竞争性	*	****	***	**
非竞争性	**	*	****	***
亲竞争性	***	**	*	****

注：星号数量多表示相对重要性高。

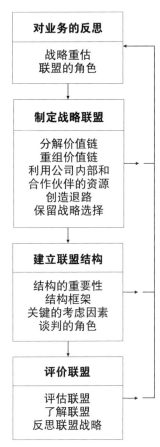

图3　战略联盟建立路线图

第四节　合作伙伴经营

战略联盟是跨国公司与外部市场利益相关者建立的合作关系。合作伙伴经营范围更广，包括外部战略性伙伴联盟、供应商伙伴联盟、客户伙伴经营关系和员工伙伴关系。埃德·里格斯比的《合作的艺术》（中信出版社，2003：1—6）对此有全面且具体的阐述：

合作伙伴经营是两个或两个以上的实体为了应对挑战、寻求协力优势而联合在一起的过程。它是一种较高水平的商业关系，不仅仅是互相帮忙，也不仅仅是传统的交易关系。合作性的伙伴经营关系包括人员的交叉任命、口头式协议、正式的战略性联盟或联合大企业，以及兼并、收购、合伙。

为什么要建立合作伙伴经营？主要有以下十六条理由：

（1）共享小企业无法提供的研究与技术。（2）共享知识和技巧。（3）保存资本。（4）扩大销售额，改善市场表现。（5）扩大商品配送。（6）扩大市场份额。（7）在行业内赢得平等地位，与更大型的企业竞争。（8）向更大范围的客户提供服务。（9）提高服务能力。（10）避免竞争，包括与新的竞争者和更大型的竞争者。（11）分散风险。（12）控制采购和存货。（13）集中核心业务的能力。（14）获得专家指点却无须为此增加成本。（15）将部分固定成本转入非固定成本。（16）增加购买力，扩大经济规模。

如何建立合作伙伴关系？以下八个核心理念至关重要：

（1）信任。其含义是信心、依赖，或是建立诚信、真实、公正、友谊等等对他人或他物的一些正当的原则之上的信赖，它能将整个组织和合作伙伴凝聚在一起。（2）宽容。当你能接受一种想法所表达的观点而不仅仅是关心这个想法是谁提出时，你就会真正地做到宽容，并真正地理解对方。（3）理解。首先，我们要了解什么是合作伙伴关系，并知道它是怎样运作的。然后，我们要知道合作伙伴需要什么。（4）合作。这意味着不能单打独斗，要依靠他人，同时帮助他人，共同完成某件事或实现某个目标。（5）发展壮大。这源于敏锐的洞察力和各方面的协作，所以，选择那些愿意并有能力成长壮大的人作为伙伴很重要。（6）关心。关心合作组织及其成员，可使个人行为更协调，能消除障碍，让每个人都感到人们重视他的意见。（7）承诺。这意味着要去做那些明知令人不快但又必须要做的事情，对不断进步的承诺还要求你给你的伙伴提供他所需要的东西。（8）相互依存。合作伙伴关系是指个人、组织和公司联合在一起，各方既有付出的努力又有收获。只有所有的伙伴都既付出又获取，这才是一个非常成功的合作伙伴关系。相互依存并不一定意味着平等，它只是说明所有伙伴的需要都得到了满足。

发展合作伙伴关系是一个过程，可遵照以下几个步骤进行：

（1）分析。（2）学习与思考。（3）选择。（4）组织与计划。（5）协议与合同。（6）关系维护。

建立合作伙伴关系还需要注意以下五个方面的冲突，并及时化解和转化：

（1）价值标准。（2）目标。（3）事实。（4）程序。（5）错误信息。

以上介绍的内容主要适用于单边市场中的企业。下面我们再介绍多边市场中的商业生态系统是怎样的，以及是如何形成的。

第五节　多边平台经济学

2003 年，让·夏尔·罗歇（Jean-Charles Rochet）和让·梯若尔（Jean Tirole）发表了《双边市场中的平台间竞争》一文，该文基于电信网络服务、支付卡业务和电脑操作系统研发等行业的调查，发现这些表面上看起来很不相同的行业，在深层次上都有同样的商业模式：它们在不同类型的客户之间直接促进交易的进行；为了获得利润和生存下来，它们必须使用非传统的、违反直觉的策略。2014 年，让·梯若尔获得诺贝尔经济学奖，他在多边平台方面的先驱性研究得到肯定和表彰。现在，经济学界把这种商业模式统称为多边平台模式，其主要特征是促进了两种客户之间的互动。

戴维·S. 埃文斯和理查德·施马兰奇在《连接：多边平台经济学》（中信出版集团，2018：12—13、33—34）一书中，运用大量的企业案例探讨了多边平台这种新型商业模式和经济形态，说明了现代技术如何使这个具有古代根基的商业模式加速发展，提供了人们所需要的创建、发动和运营多边平台公司的思路和方法。

单边商业平台公司与多边商业平台公司是全然不同的。前者投入资金，从供货商处购买各种产品，然后生产出最终产品，再将其出售给客户。这类公司的主要关注点是：吸引客户，在赢利的条件下把产品和服务提供给客户。相比之下，后者则需要以诱人的条件吸引两类或更多种类的客户，并使他们进行互动。一般情况下，多边平台公司最重要的资金投入往往流向它们的客户。

基于间接网络效应的需求相互依赖性是多边平台公司的主要特征。平台上的参与者可分为两类：一是补贴方，平台公司向其收取不足以涵盖成本的费用，或者不收费，有时还提供奖励；二是赚钱方，平台公司向其收取远比覆盖成本所需高得多的费用（见表4）。

表4　常见的多边平台行业

多边平台	赚钱方	补贴方	补贴方式
视频游戏控制平台	游戏出版商支付版税	消费者支付不多于边际成本的费用	成本价以下
个人电脑操作系统	用户通过电脑制造商支付费用	软件开发者只为软件开发工具包支付象征性费用	免费
纸质报纸	广告商付费	读者付费低或不付费	成本价以下
美国广播电视台	广告商付费	消费者不付费	免费
信用卡	商家支付交易成本	消费者不付费，有时会获奖励	倒贴
封闭型购物中心	零售商店付费	消费者不付费，有时可获补贴	免费至倒贴
证券交易所	流动性接受者支付佣金	流动性提供者常常得到补贴	倒贴
在线商场	卖家支付佣金	买家通常不付费	免费
招聘网站	雇主付费	求职者不付费	免费
黄页	企业支付广告费	使用者不付费	免费
搜索引擎	企业支付广告费	搜索者不付费	免费

如何创建和运作多边平台，实践者需要考虑并回答以下几个问题：

（1）谁将参与这个平台？

（2）平台如何为参与者创造价值？

（3）为了促进参与者的互动，该如何设计平台？

（4）为了实现参与者之间的均衡，平台如何制定价格政策？

（5）平台的规则标准是什么？如何制定？这些规则和标准会影响平台创造价值的能力吗？

（6）平台如何鼓励有影响能力、价值提供能力的参与者，加入到更广阔生态系统中的各个部分？

（7）平台如何解决蛋鸡相生的难题和引擎点燃问题？

第六节　商业生态系统

商业生态系统是最接近全球商业利益共同体的概念，甚至可以认为，两者是同义词。

马尔科·扬西蒂和罗伊·莱维恩在《共赢：商业生态系统对企业战略、创新和可持续性的影响》（商务印书馆，2006：13—16）一书中介绍说：互联网经济的崩溃及由此伴生的少数新型企业成功而多数失败的现实，以及传统企业向新经济演化中得到的许多经验和教训，为我们了解、探究和最终学会如何管理由多个企业构成的复杂网络提供了绝好的机会。他们发现，生物生态系统或许比其他任何形式的网络都更适合于用来比拟商业网络。因为两者之间存在以下共性：

（1）具有大量的松散联结的参与者。

（2）每个参与者都依赖其他的参与者，以取得各自良好的生存能力和效果。

（3）各个参与者都彼此命运攸关，拥有共同的命运。

（4）参与者健康状况与生态系统整体健康状况完全正相关。

通过这种类比研究，他们发现，商业网络与生物生态系统一样，从本质上来说是由具有不同利益但联结到一个共同整体之中的各个实体构成的共同体。生物生态系统具有的许多特征，包括结构、成员间的关系、联结成员的纽带，以及各成员扮演的不同的角色，都为我们了解商业网络提供了重要的启示。因此，商业网络可称为商业生态系统。

在生物生态系统中，各成员的地位并不是相同的。其中，存在一些广泛联结着其他成员的"中心"物种。这些"中心"物种扮演着网络核心的角色，其行为会对整个网络的健康产生显著的影响。在商业生态系统中，也存在这类核心企业或主导企业（中国社会科学院世界经济与政治研究所研究员康荣平也提出同样的观点，2018 年 11 月 4 日于北京）。几乎所有的健康的商业生态系统都可以通过这类核心企业所发挥的特定功能来反映；而且，其他成员的效率性、创新性和生命力，也与这类核心企业的行为有着根本性的关联。

商业生态系统中不同位置的企业所采取的战略各不相同。居于重要的中心地位的企业可采取网络核心型和支配主宰型战略，而更多数量的企业主要采用缝隙型战略（见表 5）。

表5　网络中企业运营战略的分类

类型	定义	存在特性	价值创造	价值占有	侧重点及挑战
核心型	积极改进生态系统的总体健康，并从中受益，自身获得可持续的绩效	其存在一般并不引人注目；仅占据少量节点	将绝大部分活动留在网络；将内部创造的价值与外部广泛分享	在整个网络内广泛分享价值；并与所选择领域中的价值占有相平衡	创设平台，并促进问题解决方案在网络中的共享；主要挑战是在价值占有与共享平衡中持续创造价值，并有选择地确定其支配主宰的领域
支配主宰型	纵向或横向一体化，以占据和控制网络的大部分节点	其存在极其引人注目；占据绝大部分节点	自己负责绝大多数的价值创造活动	自己占有大部分的价值	主要侧重于控制和拥有；确定、占有和指导网络所进行的大多数活动
坐收其利型	从网络中抽取尽可能多的价值，但不直接控制网络	其存在很不显眼；占据非常少量的节点	几乎没创造什么价值；依赖网络成员创造价值	自私地占有绝大部分价值	本质上是一种行动与收益不匹配的战略，不控制网络，却将其作为自己唯一的价值来源，其存在对网络构成威胁
缝隙型	拥有使自己区别于网络其他成员的专业能力	单个的存在非常不显眼，但当被允许在网络中生存和发展时，其总体构成了生态系统的大部分节点	在一个健康的生态系统中，它们联合起来创造了大部分价值	享有它们创造的大部分价值	依赖所在生态系统之核心企业提供的服务，专注于一些专业领域的活动，这些领域通常是它已拥有或将来可以开发出独特能力的领域

对企业而言，不论是处于商业生态系统的中心位置，还是专注于一个狭小的缝隙市场，制定和执行战略都依赖于对网络化环境中三大竞争基石的理解。第一个基石是架构，它界定了企业如何确定其技术、产品和组织间的边界；第二个基石是整合，它界定了企业如何跨边界合作及共享资源和技术组件的有效方式；第三个基石是对网络的市场管理，它决定了企业如何跨边界完成交易，如何在左右商业网络运作的复杂的市场动力机制下开展运营。

还有两本中国学者的新作，其内容与全球商业利益共同体的主题相关，在此也有必要介绍一下。

第七节 智能商业

曾鸣在《智能商业》（中信出版集团，2018）一书的第一部分"智能商业"中指出："人类文明的发展，主要不是依靠人脑的进化，而是通过社会化合作的不断创新和突破，带来生产力的大爆发。如今这个时代，网络技术和人工智能的不断发展，给商业以及整个人类社会带来了全新的可能性。网络协同和数据智能成为智能商业双螺旋的组成部分，网络协同会推动数据智能的发展，数据智能反过来也会驱动网络协同的扩张。二者循环往复，推动人类商业文化朝着智能化的方向不断演进。"

曾鸣把同时实现了在线化、智能化和网络化的互联网企业统称为"智能商业"。它们具有以下几个传统企业所不具备的非常典型的特征：（1）低成本，实时服务海量用户。（2）满足每一个用户的个性化需求。（3）服务自我更新与提升的快速。

智能商业最重要的两个组成部分是网络协同与数据智能。网络协同指的是通过大规模、多角色的实时互动来解决特定问题；数据智能的本质就是机器取代人直接做决策，这与传统的商业智能完全不同。

网络协同是万物互联时代的新经济范式，它正在取代工业时代相对封闭的体系（例如传统的供应链体系），成为互联网时代的基本合作范式。具体而言，就是开放、协同、共享、共建的网状结构，已经开始取代封闭、线性、管理、控制的工业时代线性结构。大量的案例分析表明：网络协同效应是当今互联网企业成功最大的价值源泉。

数据智能指的是商业决策会越来越多地依赖机器学习和人工智能。机器将逐步取代人，在越来越多的商业决策上扮演非常重要的角色，它能取得的效果远远超过今天人工运作所产生的效果。要把数据智能融入具体商业，必须做好三件关键的事：特定商业场景的数据化、忠实于商业逻辑的算法及其迭代优化，以及将数据智能与商业场景无缝融合的产品。数据化、算法化和产品化就是在反馈闭环中完成的智能商业"三位一体"。

在新商业时代，"精＋准"是商业的核心要求，是产品和服务能否有机会与用户连接的先决条件，更是企业能否存活并做大做强的关键所在。"精"是精确，通过网络协同，实现降维打击；"准"是准确，这只有通过智能化才能实现。

在智能商业时代，战略的表现形式不再是长期战略规划，而是远见和行动的快速迭代。2007年，阿里巴巴提出的战略是"建设一个开放、协同、繁荣的电子商务生态系统"。2016年年底，阿里巴巴提出要积极推动打造一个互联网经济体。这就是"远见"。

关于战略定位，曾鸣提出了"点—线—面—体"的定位逻辑："面"指的是平台或生态型企业，其核心是要有创造新模式的可能性，它要广泛地连接不同的参与者。"点"是在"面"上存在的各种各样的新角色。"点"与"面"是共生共荣的关系，"面"要发展，就要为其上的"点"创造生存和发展的机会。"线"连接"点""面"和最终的客户，淘宝卖家就是典型的"线"。"线"需要的是一整套全新的打法，这种定位更适合于尽可能向C2B模式演变的创新型企业。"点""线"

和"面"是一个三者共生、共同发展的结构。"面"是"体"最根本的组成要素，在"面"的扩张过程中，如果能够有足够强大的基础，也许还会衍生出其他的"面"，进而形成一个日趋完善的"体"。四者之中，最核心的是"面"，因为"面"一方面有可能逐步演化成"体"，另一方面也支撑了"点"的繁荣，并给"点"赋能。"线"又凭借这些"点"和"面"提供的能力和支持，对传统供应链管理体系进行降维打击。

我们目前对"体"还所知甚少，但可以确定的是，"体"能够迸发的能量必然是"面"的能量的数个量级，整个社会的资源分配方式也将随之发生变化。未来的商业竞争往往是互联网商业体之间的生态意义上的竞争。

与战略定位逻辑变化相对，赋能型组织是智能商业时代的全新的组织结构。赋能的核心观念是如何让他人有更大的能力完成他们想要完成的事。未来组织最重要的职能应是提高整体创造力的成功概率，而赋能给创造者是实现这一目标的唯一路径。传统管理型组织与赋能型组织的主要特征比较见表6：

表6　传统管理型组织与赋能型组织的主要特征比较

	管理型组织	赋能型组织
组织结构	树形或矩阵型	网络型
信息流（对内）	自下而上收集，自上而下反馈	联通透明，实时同步
信息流（对外）	单一收集和输出通道	联通透明，实时同步
决策流	中心决策，向下分解推进	实时同步，在指标控制下自调适
资源分配和规划	集中规划，逐级分解	按需自取，弹性分配

（续表）

	管理型组织	赋能型组织
内部协作机制	岗位定义职责，协作需要回溯汇报线；分工割裂，信息流低速	基于协同创新平台自组织，透明共享，协同竞争，一致迭代
价值导向	效益驱动	创新驱动
风险偏好	风险最小化，规避犯错；信息和数据被保护控制而没有共享	追求透明、速度和创新自由，强容错能力，无创新是最大的风险

如何打造全新的赋能型组织？可参考以下三个原则：匹配创造者的兴趣、动力与合适的挑战；打造环境和氛围，方便员工共同创造；通过组织设计，刺激人和人之间的有效互动。

第八节 共生型组织

共生型组织是陈春花教授提出的新概念。她和赵海然在新著《共生：未来企业组织进化路径》（中信出版集团，2018）一书中，将"共生型组织"定义为："一种基于顾客价值创造和跨领域价值网的高效合作组织形态，这种组织形态关注如何创造合作价值，实现与跨界伙伴的共生与共创，洞悉并掌握共生的运作机制和发展趋势，将帮助组织在数字化时代获得成长。"（陈春花和赵海然，2018："前言"第XIII页）

陈春花和赵海然（2018：26—27）认为：组织之间的竞争必须转变为基于合作的竞争，甚至需要转变为基于合作离开竞争的模式，合作的优势不仅在于融合合作系统中每个组织的竞争优势，还在于优化组织之间的竞争关系，更好地激发每个组织的活力，最终表现为更好地满足消费者的需求。在合作的要求下，相同领域甚至不同领域的组织不再是竞争对手，而是转变为荣辱与共的命运共同体。面对顾客参与价值创造、移动互联网的冲击以及市场竞争的愈发激烈，组织需要改变固有的思维模式，将传统的价值链创造价值模式转变为命运共同体合作创造模式。众多成功的商业实践表明，构建命运共同体为组织带来的价值是明显提高的，将顾客的需求与高效的供应体系相连接，利用互联网技术实现合作各方的无缝连接，是获得更高效率的问题解决方法。

从本质上而言，共生型组织是一种基于顾客价值创造和跨领域价值网的高效合作组织形态，所形成的网络中的成员实现了互为主体、资源共通、价值共创、利润共享，进而实现单个组织无法实现的高水平发展。共生型组织的生态网络摒弃了传统的单线竞争的线性思维，打破了价值活动分离的机械模式，真正围绕顾客价值创造发展，将理解和创造顾客价值作为组织的核心，进而使创造价值的各个环节以及不同的组织按照整体价值最优的原则相互衔接、融合以及有机互动。

共生型组织具有以下四大特征：（1）互为主体性。成员之间不再有主客体关系，而是彼此互为主体。（2）整体多利性。共生过程是组织的共同进化过程，组织在共同发展中不但实现了整体的利益追求，而且在更大程度上实现了每个组织的利益追求。（3）柔韧灵活性。组织内部的灵活性和流动性让组织成员感受到更多的自主性与发展空间。组织外部的更大连接与互动，让基于顾客价值创造的组合更加高效、更加快捷地响应需求变化。（4）效率协同性。各组织个体保留了各自的独立性和自主性，依赖于彼此之间对资源的获取、分享以及使用能力，组织获得了更好的融入环境的方式。更重要的是，组织的整体效率得以提升。

共生型组织有四重境界：（1）共生信仰。意指拥有确信的力量，笃定商业文明及驱动人类进步的价值。为此，组织必须解决三项难题：一是组织开放度，二是组织间如何有效沟通以保持协调一致，三是组织成员自身的企业文化与共生信仰之间的协同。（2）顾客主义。指真正以顾客价值为中心，顾客成为组织成员间唯一的价值集合点。顾客主义是一种组织成员之间价值取向的结果检验标准，是一个组织成员合作的过程，一种持久的要求和修炼。（3）技术穿透。指一整套的解决方案，技术在其中发挥重要作用。在共同的技术平台与标准之下，组织成员之间能够形成一致的行为准则、沟通语境以及价值判断；能够快速地分享信息，协同创新以及优势互补，最后赢得一个与之前完全不同的成长效率。（4）"无我"领导。意指领导者要对共生型组织成员的价值成长负责，而不仅仅是对自己所在组织的价值负责。领导者需要扮演好牵引陪伴、协同管理和协助赋能三个角色。"无我"的领导力由坚持共同价值、协同工作、有效沟通构成，领导者借此创造并管理共生型组织的整个大系统的效率。

以上多位学者的研究成果对全球商业共同体有着构建理论基础和指导实践的两重功能：（1）作为理论知识，为全球商业共同体理论构建提供了直接的知识来源。（2）作为行动知识，可供以构建全球商业共同体为目标的企业选择性运用。

参考文献

Rochet, J.-C. & Tirole, J. Platform competition in two-sided markets. *Journal of the European Economic Association,* 1(4), 2003.

〔美〕埃德·里格斯比《合作的艺术》，唐艳、王倩芳译，中信出版社，2003 年。

〔美〕戴维·S.埃文斯、理查德·施马兰奇《连接：多边平台经济学》，张昕译，中信出版集团，2018 年。

〔美〕马尔科·扬西蒂、罗伊·莱维恩《共赢：商业生态系统对企业战略、创新和可持续性的影响》，王凤彬等译，商务印书馆，2006 年。

〔日〕迈克尔·Y.吉野、〔印〕U.斯里尼瓦萨·朗甘《战略联盟：企业通向全球化的捷径》，雷涯邻、张龙、吴元元等译，商务印书馆，2007 年。

陈春花、赵海然《共生：未来企业组织进化路径》，中信出版集团，2018 年。

薛求知《当代跨国公司新理论》，复旦大学出版社，2007 年。

阎海峰《跨国公司网络组织》，复旦大学出版社，2007 年。

曾鸣《智能商业》，中信出版集团，2018 年。

第五章

积极和平：
全球商业价值共同体

　　全球商业价值共同体（或称"和平共同体"）是全球商业共同体的组成部分，而且是重要但目前并不被中国企业广泛重视的组成部分。利益共同体界定了价值共同体的成员与边界、行为特征，价值共同体又促进和推动利益共同体的发展。

　　全球商业价值共同体是以利益共同体为基础，以跨国公司为核心成员，以跨国公司的非市场利益相关者（母国和东道国）和规则监督类与和平公益类国际组织为主要成员，通过跨国公司的非市场行为，与众多市场利益相关者建立起非市场关系，并实现积极和平目标的共同体。其中，共同价值是基础，冲突化解与合作关系是关键，积极和平是目的。因此，构建全球商业价值共同体就是跨国公司以共同价值为基础，通过冲突化解与合作关系建立，实现积极和平的过程和行为。

　　为此，我们首先需要了解非市场环境及其利益相关者的诉求、非市场行为与关系的主要特征以及冲突化解与积极和平等多个领域的理论与方法。然后，各企业根据自身实际情况，选择其中合适的部分，嵌入企业的知识管理体系中，作为构建全球商业价值共同体的知识基础。

第一节　作为前提与条件的非市场问题

非市场环境是由社会、政治、不同于合同法但与合同法相关的法律法规构成的。企业、个人、利益团体、政府机构以及公众和私人机构为媒介的大众的交互影响共同构成非市场环境。非市场环境中的问题是非市场问题，即无法通过市场方式解决的问题。界定企业面临的非市场问题是企业非市场环境与战略分析的前提与条件。

巴伦（2014：6）提出的"4I（问题、利益、机构和信息）"方法是聚焦企业非市场问题的非市场环境分析模型和工具，在理论和实践中都具有重要价值。蔡曙涛（2013：47—55）运用其分析的逻辑思路，扩展了这些要素的内涵和理解，并重新构建了系统的非市场环境与战略分析的理论框架。

一、问题（Issues）

非市场问题是指企业与其利益相关者之间无法通过市场方式（商业契约或市场交易）解决的利益冲突，这些利益冲突表现为对企业的业务经营活动或社会声誉有潜在或现实重要影响的政治、法律或社会事件。这些由特定利益冲突决定的非市场问题是企业非市场环境与战略分析的核心。

准确判断非市场问题的来源对理解非市场问题的起因、性质和发展趋势有着重要意义。它不仅有助于企业管理者准确界定利益相关者的身份、数量及其对企业的影响力，还可以预测这些问题演变的趋势和路径，以便采取有针对性的解决措施。概括而言，非市场问题通常有以下几个来源：

1.科学发现和技术进步。例如，科学家在南极发现了臭氧层的空洞，支持了臭氧层耗竭的理论并引发社会普遍关注。为了拯救我们共同生活的地球，各国政府共同合作，积极采取诸如停止氟利昂生产和使用、严格控制碳排放量、保护自然环境、减少能源消耗等一系列措施阻止地球变暖恶化趋势，使企业面临着许多新的非市场问题，包括碳排放交易、大排量汽车的高额征税、更严格的汽车尾气排放标准和环境保护标准等。

2.价值观念变化和新的理解。例如，在人是地球生物界主宰的传统价值观中，动物的生存以满足人类需求为目的，动物福利普遍被漠视。在重新定义人与动物和谐生存的价值之后，动物福利正受到前所未有的社会关注。为禁止人类对动物的杀戮和虐待，保护动物的非政府组织及诸多明星倡议人们抵制吃鱼翅、不穿奢华的皮草，对"活熊取胆"获取药物原料的方式予以谴责，从而导致相关企业的经营活动与社会声誉受到负面影响。

3.利益集团的活动。企业面临的许多非市场问题都与利益集团的活动有直接的联系。例如，在涉及企业产品标准或行业标准制定或修改问题上，同行业的企业之间、不同行业的企业之间以及企业与客户之间基于利益诉求的差异而产生的利益博弈尤为突出。其中，行业协会和消费者权益保护团体作为有组织的利益集团扮演着重要的角色。

4.制度变化。制度确定了人们行为的激励和约束结构，具有弱化环境中的不确定性、降低交易成本的作用。制度变化的本质是利益、权利和权力再分配的过程，它可以导致企业与利益相关者之间的利益分配格局或组织合法性定义的改变，引发非市场问题。例如，1987年《蒙特利尔议定书》不仅使各国承担了减少生产和使用氟利昂的义务，也使发展中国家因减少使用氟利昂可能产生的补偿问题得以进行讨论和磋商，这些制度变化增大了一些企业的市场竞争压力，成为新的利益冲突的根源。

5. 道德关注。伴随着人类社会精神文明程度的不断提高，基于道德关注而引发的社会热点问题层出不穷，这些问题也可能成为企业的非市场问题。例如，2001—2011 年，沃尔玛自 1998 年以来的所有女性员工（人数每次从 2 人到 7 人不等，最后达 160 万人）作为原告方，向沃尔玛提起性别歧视的集体诉讼。虽然 2011 年美国最高法院最终驳回这项集团诉讼，但十年的诉讼之路不仅极大地消耗了沃尔玛的金钱和精力，还对沃尔玛的社会声誉造成了极大的损害。

二、利益（Interests）

利益即利益相关者，是指对特定非市场问题有利益关联或偏好的个人、团体或组织，包括利益群体或利益集团。利益群体或利益集团是指基于某些共同利益而形成的松散的、非正式的利益集合体（利益群体）或有组织的、正式的利益集合体（利益集团），它们大多以社会公众、非政府组织的利益相关者身份活跃在政治、法律和社会事件中。

针对非市场问题，对利益相关者的分析要关注以下因素：

1. 利益相关者的身份、状态和特征。先对利益相关者进行分类，再分析它们各自在非市场问题中对企业的具体利益诉求是什么，彼此之间存在哪些利益合作或冲突关系，然后在此基础上，分析它们对企业影响的性质（机会还是威胁、正面还是负面）、影响力的程度与范围、影响的紧迫性及后果等。

2. 市场利益关联、非市场利益关联的区别及内在逻辑联系。市场利益关联主要涉及企业与其利益相关者之间在业务经营的产业链、价值链合作或交易过程中的个体利益联系；非市场利益关联主要涉及企业与其利益相关者之间在某些政治、法律和社会问题中的共同利益、集体利益、公共利益或国家利益联系。市场利益冲突可能引发非市场利益冲突，同时，非市场利益诉求中可能也蕴含着市场利益的需求。

3. 利益相关者的组织程度及采取集体行动的可能性。具体而言，针对特定的非市场问题，分析并预测利益相关者是否会公开表达看法并采取行动。如果采取行动，是分散的个体行动还是有组织的集体行动。如果是集体行动，是单一还是多个利益相关者的集体行动。这些集体行动是否可能造成对企业的不利影响，是否会成为社会公众、国家机关、大众传媒关注的社会热点问题等。

三、机构（Institutions）

机构是指拥有合法权利处理这些非市场问题的国家机关等正式公共权力组织，包括立法机关、行政机关、司法机关以及一些国际组织（如联合国和世界贸易组织等）。机构为竞争性的利益群体、利益集团和国家提供表达不同利益诉求的场所和渠道，并通过正式的法律和行政程序对其利益诉求做出回应，即通过制定和实施公共政策协调他们之间存在的利益冲突，建立与维护有利于社会和谐发展的理念和国际秩序。

机构拥有提供公共产品、分配公共资源的广泛权力，在解决社会利益冲突方面具有强大的地位和重要的作用。因此，理解不同国家机关在宪法中的地位、作用与职责以及国际组织的宗旨、组成原则和职权范围，熟悉公共权力的运作方式、公共政策决策流程及国家机关或国际组织内部起支配作用的规则和力量，是有效处理非市场问题的核心。

企业为使自己的利益获得国家力量的保护，期望能够通过正当方式影响公共政策，参与有关规则的制定或修改过程。企业特定的利益相关者、特定的利益群体与利益集团也力图参与公共政策决策过程，敦促国家干预企业行为，以保护或增加自身利益。因此，国家机构是企业、利益相关者、利益群体、利益集团为获取和维护自身利益进行博弈时力图施加影响的对象，机构的态度、行为对企业非市场问题的定性和变化趋势通常有决定性影响。

四、信息（Information）

信息是企业、利益相关者（利益群体、利益集团）、国家机关所知道或所相信的有关非市场问题的行为和结果、各方针对非市场问题的利益偏好及实现利益偏好的能力等相关的信息和知识。信息是非市场环境分析的重要因素，也是非市场战略决策的基础。信息不对称、信息匮乏、信息沟通不畅或信息失真都可能导致非市场问题的产生，或非市场战略的失败。

以上分析模型是通用性的，可用于跨国公司在母国的非市场环境分析，也可用于跨国公司在东道国的非市场环境分析。跨国公司在母国非市场环境中的非市场战略和行为，本章前面提及的两本著作（巴伦，2014；蔡曙涛，2013）都有较详尽的阐述和大量的案例。我们在此把关注点放在跨国公司在东道国非市场环境中的非市场战略和行为。

第二节　作为非市场行为的公司外交

我们把跨国公司公共外交简称为"公司外交"，它是指跨国公司与其东道国非市场利益相关者和国际组织之间的沟通、交流、交往和合作的过程、战略和行为，这是跨国公司非市场行为的重要内容。这与其他学者的定义尽管在文字表述上有差异，但本质内涵是一致的。

赵启正主编（2014：2—4）指出："面对机遇和挑战并存的海外投资环境，中国企业家如果仅仅专注于自身的投资经营活动，不善于和东道国政府、议会、工会、媒体、环保组织、公众等利益相关方进行沟通，不能对国际政治环境保持敏感以最大限度规避政治风险，不能及时消弭反对的声音，就会增加失败的可能。而克服这些误解、偏见和不信任的一个极其重要的途径就是积极开展公共外交。企业公共外交的基本任务是与东道国政府、议会、媒体、社会组织、公众等利益相关方进行良好沟通，在充分了解对方之所想、准确表达自身意愿的同时，有效地解疑释惑，为企业和国家赢得国际社会的支持，用企业特有的语言向世界讲好中国的故事。企业开展公共外交不仅是企业国际化发展的需要，也是时代赋予的责任。"

赵可金和尚文琦（2014）认为："公司外交具备四个特征：（1）公司外交的主体是得到政府许可的跨国公司。（2）公司外交的对象是各国政府、公司、非政府组织、非营利组织、公众和个人。（3）公司外交的目标是维护国家形象和国家利益，增强公司的合法性。（4）公司外交必须严格遵守各国的法律、制度和文化。

"按照公司外交所处理的对外关系的性质，可以将公司外交的形式划分为三种类型：（1）游说外交，指跨国公司在遵守法律和制度的前提下，为了实现自己特定的目标，通过与政府机构及官员之间的交流和沟通，改变国家政策进而影响国家之间外交关系的一系列活动。（2）商务外交，指跨国公司间为了共同经济利益和实现利益共享，在生产领域和流通领域所进行的以生产要素的优化组合与合理配置为主要内容的活动，且此种活动影响到了国家间的政策协调和协作。（3）社会外交，是指跨国公司为了改善经营环境，与众多社会行为体进行积极沟通，履行社会责任且具有重大外交影响的活动。"

近年来，随着中国公司国际化程度的提高，统筹公司和政府的外交积极性，越来越成为中国外交的一项重要课题。在今后较长一段时期内，中国外交需要平衡公司目标与外交目标，确立公司与政府"合作共赢"的外交理念；统筹好公司资源与外交资源，确立公司与政府"相互为用"的外交战略；协调好公司机制与外交机制，确立公司与外交"统筹协调"的外交机制。

不仅如此，我们认为：公司外交不仅包括跨国公司作为母国公共外交的行为主体或载体，而且应包括跨国公司作为某个东道国公共外交的行为主体或载体。这是由跨国公司的跨国性所决定的，跨国公司不仅是其母国的法律实体，而且也是两个以上东道国的法律实体。因此，公司外交中的"国家"不仅指母国，而且还包括其所有的东道国。

第三节　作为成员的规则监督类与和平公益类国际组织

与通常所讲的企业利益相关者范围有所不同，我们还把国际组织列为跨国公司的重要利益相关者，因而国际组织也是公司外交的重要对象。但是，这在企业界并不被关注和重视，学界的有关研究也很少。

如果从企业参与全球治理的视角来看，把国际组织作为公司外交的对象更为重要，完全有必要专门讨论"跨国公司的国际组织外交"。

国际组织不仅数量大，而且性质和宗旨差别较大。根据跨国公司与国际组织的关系，我们把国际组织分为三大类：规则制定类、规则监督类、和平公益类。再根据全球商业共同体的逻辑结构，我们把规则制定类国际组织列为责任共同体（或治理共同体）成员，而把规则监督类与和平公益类国际组织列为价值共同体（或和平共同体）成员。

入江昭（2009：194—195、204—205）重点关注和研究了以下六类组织：进行人道主义救助的、文化交流的、和平与裁军的、发展援助的、人权的和环境保护的组织。这与我们界定的规则监督类及和平公益类国际组织基本一致。入江昭认为："国际组织的产生需要一个前提，即各国和各族人民必须强烈地意识到他们有着超越国家界限的某些利益和目标，并且通过资源共享和实行跨国合作（而非个别国家的单方行动）可以最好地解决他们的许多问题。"

入江昭描绘了国际组织的形成和发展，为全球化现象提供了另一幅历史背景。在有关全球化的各种文献中，还没有对国际组织进行系统考察的。可以明确的是，当地缘政治和军事战略使得各国兵戎相见时，国际组织却将世界的注意力转向了全球性的议题——人道主义救助、发展、人权、环境、跨国理解等。

就企业与非政府组织的关系问题，入江昭认为："传统上两者是截然不同的，因为企业是追求利润的。两者大部分是处于敌对状态的。如果哪个企业从事的活动破坏了非政府组织确立的原则，那么通过互联网联系起来的一个全球网络就会在世界范围内对其加以传播，从而给该企业的声誉带来负面影响。然而，就像国家与非国家行为体的关系一样，这种状况也在发生变化。企业和非政府组织之间的界限越来越模糊，一些企业在海外发起了人道救助活动，而曾广泛参与过救助、援助或环保方面活动的人也受聘于企业。一些跨国公司还开始向非政府组织征求意见，商讨它们的商业活动对当地环境和劳动力市场造成的影响。这表明，追求利润的企业和非营利组织之间存在着一定的合作关系。"

实际上，跨国公司与国际非政府组织的关系远非"对立""合作"这样简单。在王杰等主编（2004：50—54）认为：跨国公司与国际非政府组织会形成多种相互关系模式。概括地说，这些关系包括：

（1）"不发生关系"。它们相互之间不直接往来。许多国际非政府组织出于秉持中立公正的理念，拒绝来自跨国公司的捐款和其他物资的赠予。一些道义理念上激进的国际非政府组织，还把跨国公司认为是许多全球性问题的制造者，从而与之"划清界限"。还有一种普遍的情况是，国际非政府组织与跨国公司各自的职能与活动领域没有交叉，从而各行其是。

（2）国际非政府组织向跨国公司施加压力与监督。由于跨国公司的影响涉及环境保护、劳工权利、发达国家与发展中国家的贫富差距和发展正义等方面，因此成了许多国际非政府组织寻求解决相关问题的对象。国际非政府组织会通过施加压力或别的影响方式，以使跨国公司的政策发生一定的改变或受更严格规则的制约和更多外力的牵制。

（3）国际非政府组织与跨国公司的对抗与冲突关系。跨国公司奉行的自由资本主义理念可能导致严重的社会不公、发展失衡，甚至社会动荡。这些对于主张正义和良知、代表公共利益和全球利益的国际非政府组织来说是不能接受的。但跨国公司又不愿做出妥协，甚至反而质疑国际非政府组织的民主责任与合法性。这样，价值取向的国际非政府组织与利益取向的跨国公司就不可避免地发生对抗与冲突。

（4）跨国公司与国际非政府组织之间的协商与合作关系。这取决于双方认知的改变。许多国际非政府组织开始认识到，跨国公司对人类社会的发展和福利的意义是双重的，不能只看到它造成问题的消极一面。有些全球性问题的出现被过多地归于跨国公司也不公正。单靠对跨国公司施行道德压力并不能取得好的效果。只有与跨国公司协商与合作才能更有效地解决问题。就跨国公司来说，一方面它对自身问题难以回避，另一方面国际非政府组织作为崛起的国际行为体和新兴力量，其影响和作用不容置疑。所以协商与合作就成了它们处理相互关系的选择。

第四节　作为共同价值和目标的积极和平

积极和平是和平学理论的核心概念，我们将积极和平概念引入全球商业共同体之中，并将其作为全球商业价值共同体中的共同价值和主要目标，无论从主体成员、主要内容，还是从实现方式来看，都是合适的、必要的和有价值的。

首先，从主体成员来看，全球商业价值共同体的主要成员是跨国公司及其非市场利益相关者和规则监督类、和平公益类国际组织，它们也是构建积极和平的重要主体力量。刘成（2013）指出："全球性是和平学的特征。和平学关心从人际关系到国际关系的所有层次上的相互作用，其价值基础和行动目的都是为了替代暴力。和平学从四个层面分析和平与暴力问题：个人层面、国家层面、国际层面和地球的生态系统层面。这其中，应该加上全球商业共同体这个新的层面。"

其次，从主要内容来看，全球商业价值共同体中的非市场问题与构建积极和平中的冲突问题基本上是一致的。和平学创始人加尔通（Galtung，1967）指出："积极和平包含的十项具体内容有：（1）合作。以国际关系层面来讲，合作即意味着国家与国家之间存在商品、服务、知识、人员等方面的交流。合作即国家之间不能相互孤立，而是相互依存。（2）免于恐惧的自由。免于恐惧的自由是一种状态，在这种状态下，无论是个体还是国家都没有未来将会发生不良事件的负面预期。（3）免于匮乏的自由。免于匮乏的自由是指无论个体或国家最为重要和基本的需求应该能够得到满足。（4）经济增长与发展。经济增长与发展不仅要求平均资源的不断增长，还要求这些资源能够得到更好的配置，这不仅是一个技术发展的问题，还是一个社会组织结构的优化问题。（5）消灭剥削。消灭剥削是指所有个体和国家间的交流都是平等的。因此，每个个体或国家的付出都有相应的回报。（6）平等。所有的个体或国家本质上都是一样的，每个个体或国家的生活或存在方式都不会比其他个体或国家生活或存在方式更有价值。（7）公正。每个个体或国家都应被赋予其所应有的各项权益。（8）行动自由。所有的个体或国家都拥有广阔的可选择的活动空间。这里不仅要求每个个体或国家有充分自由的选择空间，而且还要求每个个体或国家都有资源和手段去进行这些行为活动。（9）多元性。多元性就是要求我们生活的世界应该允许多种社会文化形式的并同存在。（10）动态。

所谓'动态'即我们的世界不能一成不变，需要为动态变化提供所需的条件，也就是说我们要为下一代人留出重新选择的空间。"

还有，全球权威和平学教科书《积极和平：和平与冲突研究》（南京出版社，2007）中，第四部分为"建设积极和平"，其中的各章标题分别为人权、生态福祉、经济福祉、非暴力、个人转化与未来。因此，积极和平不只是战争或国家间暴力的缺失，它涉及的是一种社会状况，在这种社会里，剥削被最小化或被消除，既没有明显暴力，也没有潜伏在结构暴力之下的更多难以觉察的现象。"结构暴力"是加尔通教授提出的概念，通常是指拒绝个人的重要权利的现象，这些权利包括经济上的富裕，社会、政治和性别上的平等，自我实现和自我价值的感觉，等等。

最后，从实现方式来看，全球商业价值共同体中的非市场问题表现为跨国公司拥有的资源与其非市场利益相关者诉求之间的冲突，主要通过公司外交方式来解决，加尔通教授指出，"和平是用非暴力方式创造性地实现了冲突的转换"（转引自刘成，2005），因此，我们认为，建设积极和平中的冲突化解方式正是公司外交中的一种重要且有效的方式。因为，冲突化解的目的不是避免冲突，而是采取某种方式去处理冲突，即如何在和平价值的框架内，将冲突的消极影响降到最低程度，将冲突的积极潜在因素激发到最大程度。

和平学范畴内的冲突化解，是指冲突双方从破坏性关系向合作性关系发生转变，那些产生冲突的制度或结构发生了改变。冲突化解的过程就是消除直接暴力和结构暴力的过程。冲突化解提供的是用非暴力方式来处理争执的技巧。它试图避免冲突谈判中一方对另一方的优势或压迫，尽力满足各方的需要，培育冲突中所有人的安全、身份、自立和生活质量（刘成，2005）。

因此，以上冲突化解的基本原则和特征，完全可纳入全球商业价值共同体的冲突问题及其解决中。

以上有关知识对中国企业来说可能是"陌生"的。非市场环境与非市场战略虽然属于工商管理范畴，但目前中国商学院中只有北京大学光华管理学院曾开设过专门的课程。国际组织、全球治理和公司外交属于外交与国际关系范畴，而中国高校体系中，工商管理与国际关系分属于不同的院系，两者之间并没有交流。也有教材专门介绍国际组织，其中的国际组织外交主要是以政府为主体的，而不是以企业为主体的。公司外交正处于形成过程中，实践丰富但研究不足，因此在企业界影响有限。和平学是一门跨学科理论，在中国学术界也有待推进，以企业为主体的和平学正在形成中，企业界人士更是知之甚少。

全球商业共同体的构建需要这些知识并移植到企业实践中。也许，随着全球商业共同体的推进，可以促进这些知识的产生和运用。

参考文献

Galtung, J. Theories of Peace. *International Peace Research Institute*, 1967.

〔美〕D. P. 巴伦《商务学：市场与非市场环境》（第 6 版），耿莹译，清华大学出版社，2014 年。

〔美〕大卫·巴拉什、查尔斯·韦伯《积极和平：和平与冲突研究》，刘成等译，南京出版社，2007 年。

〔美〕入江昭《全球共同体：国际组织在当代世界形成中的角色》，刘青、颜子龙、李静阁译，社会科学文献出版社，2009 年。

蔡曙涛《企业的非市场环境与非市场战略：企业组织竞争的视角》，北京大学出版社，2013 年。

刘成《积极和平与冲突化解》，《史学月刊》2013 年第 12 期。

刘成《转化而不是解决：和平学范畴内的冲突化解》，《南京大学学报》（哲学·人文科学·社会科学）2005 年第 6 期。

王杰、张海滨、张志洲主编《全球治理中的国际非政府组织》，北京大学出版社，2004 年。

赵可金、尚文琦《公司外交：对跨国公司外交职能的一项研究》，《国际政治研究》（双月刊）2014 年第 5 期。

赵启正主编《跨国经营公共外交十讲》，新世界出版社，2014 年。

第六章

改善治理：
全球商业责任共同体

　　全球商业责任共同体（或称"治理共同体"）是全球商业共同体的重要组成部分，而且是其中有重叠性质的组成部分，它与利益共同体和价值共同体中的规范与责任密切相关。

　　简单来说，全球商业责任共同体是以跨国公司与规则制定类国际组织为成员的共同体，跨国公司采取的治理行为与规则制定类国际组织建立一种治理关系，改善治理（或减少治理赤字）是这些治理行为和关系的主要目标。

　　我们把国际组织作为成员纳入全球商业共同体中，是因为国际组织正在成为中国跨国公司的重要利益相关者，并且在将来更加重要。由于国际组织的宗旨、性质和职能的不同，我们又从跨国公司视角将其分为规则制定类、规则监督类与和平公益类，并把前者作为责任共同体的成员（目的在于突出跨国公司在全球治理中的地位和作用），把后两者作为价值共同体的成员（原因在于它们与跨国公司之间的关系类似于跨国公司与其非市场利益相关者的关系）。

　　本章以跨国公司参与全球治理为出发点，跨国公司与规则制定类国际组织之间的关系为主要内容，重点以企业社会责任为例介绍如何遵循国际规则标准，以国际标准化为例介绍如何创制国际规则标准。

第一节　跨国公司参与全球治理

国内学者对有关全球治理的研究主要集中在以下几个方面："旧机制"，如联合国、国际货币基金组织（IMF）、世界贸易组织（WTO）等的转型与改革；"新机制"，如二十国集团（G20）、金砖国家（BRICS）等的创设和发展；中国参与全球治理的角色、路径、规范理念与实践等；全球治理的理念、挑战、困境以及各议题领域的治理进展等（徐进和刘畅，2013）。这些研究大多以"政府中心"为导向，而对非国家行为体包括非政府组织（NGO）、市场力量尤其是跨国企业在中国参与全球治理中的作用并没有充分重视（王彬，2013）。

中国跨国公司参与全球治理的必要性主要体现在以下三个方面（张蛟龙，2017）：

1.跨国公司成为全球治理参与主体中越来越重要的行为体。这是因为跨国公司与全球治理之间存在以下三重关系：跨国公司是全球治理的客体，各类全球治理机制对跨国企业施加影响与管理；跨国公司是全球治理的主体之一，它能够对全球治理机制施加重要的影响力；跨国公司本身就是全球治理的一种具体机制。

2.维护中国企业自身利益的需要。全球治理中涉及的四类规则与规范中（苏长和，2015），与企业最密切相关的一类就是国际经济治理和行业标准领域的规则制度，涉及贸易和投资规则、各类标准化和国际认证体系等，当然还包括气候、劳工、环境等其他领域的规范和标准。标准是一个国家参与全球竞争的重要手段，这些领域的标准是全球治理更高层次规则的基础，因此标准竞争成为微观层面上的规范竞争。全球各领域实行的国际标准，对各国企业利益的分配有着直接而重大的影响。

3. 提升中国在全球治理中的整体地位离不开中国跨国公司的基础支持。首先，中国跨国公司积极参与全球治理是推动全球治理机制向更加平衡方向转变的重要举措。其次，跨国公司的发展与母国国家实力提升是相互促进的。最后，中国跨国公司是落实中国治理方案国际化的重要力量。

中国跨国公司参与全球治理的主要方式包括（张蛟龙，2017）：

1. 加强自主创新，提高工具性权力。中国跨国公司急需提高自身的自主创新能力，强化品牌建设，充分利用参与全球价值链给自身带来的发展机遇，在开放性技术创新中获益，不断提升中国跨国公司在全球价值链中的地位，加强中国跨国公司的工具性权力，为参与全球治理奠定良好的基础。

2. 积极参与国际规则制定，提高结构性权力。这主要有两条途径：第一是各类行业协会和企业联合组织应加快促进国内标准规则的统一与升级。第二是跨国公司自身通过多种方式积极参与国际贸易规则的修改和制定。

3. 多方合作，媒体先行，履行责任，提高中国跨国公司的话语权力。其具体措施有：（1）中国跨国公司要注重与母国和东道国政府的双向互动与合作。（2）中国跨国公司要加强与发展中国家工商界的交流与合作。（3）中国传媒企业要加速"走出去"，成为具有全球影响力的跨国传媒集团。（4）中国跨国公司要积极承担企业社会责任。

在上述多种方式中，我们认为，通过加入相关的国际组织或建立合作关系是中国跨国公司参与全球治理的重要且有效的途径和方式。这些相关的国际组织就是具有规则标准制定权力的国际组织，包括政府间组织和非政府组织。为此，中国企业必须首先认识和了解这类国际组织，然后在遵循其规则标准的同时，创制新的规则标准，进而参与全球经济治理，实现改善治理的目标。

第二节　跨国公司与联合国

联合国是成员规模最大、权威性最高的政府间国际组织。联合国与跨国公司之间存在着一种相互需求的关系，这主要表现在三个方面（黄河，2008：351—355）：

1. 商品和服务采购关系。联合国采购是指联合国及其附属机构为了维持正常运转，每年需要从工商企业界采购的大量商品和服务。这是跨国公司与联合国之间的市场关系。对联合国而言，与供应商建立长期的互利关系，确保品质可靠商品和服务的供应，是非常重要的。对供应商而言，它们与联合国的这种市场关系不仅本身可以获得利润回报，而且可以提高其品牌声誉，有利于扩大市场份额。

2. 伙伴关系。跨国公司与联合国之间的伙伴关系主要有三种类型：一是企业成为联合国的直接捐助伙伴。根据《联合国财务条例和细则》，这种伙伴协定必须符合相关规定，即捐款的目的必须与联合国的政策、目标和活动相一致，捐款不得使联合国负债。二是企业可以通过设立慈善组织或基金会成为联合国的间接捐助伙伴。联合国与慈善组织或基金会之间签订协定，制定相关的条件和规则，包括联合国名称和徽标的使用、赔偿责任、解决争端以及特权和豁免有关的问题。三是企业可以通过技术援助或其他合作项目与联合国建立伙伴关系。例如，由企业、联合国和受援国政府签订三方协定，为受援国提供技术援助。或者由联合国和企业伙伴共同开发符合并促进联合国目标、政策和活动的项目并实施。

3. 制度与规范关系。联合国向全球工商部门提供了技术标准规范、法律法规和行为道德准则。一方面，工商部门应该遵守联合国宪章提出的国际法基本原则，遵守相关的国际法规则。另一方面，工商部门也享受了联合国主持下制定的各种法律规则和技术标准带来的便利、秩序和安全保证。例如《国际技术转让行为守则》《发展中国家工业合营企业协议手册》《工业可行性研究编制手册》《跨国公司会计核算与报告的国际标准》等。

第三节　国际经济组织的类型与作用

国际经济组织大多数是我们定义的"规则制定类国际组织"，它们是跨国公司参与全球经济治理的主要载体。国际经济组织是指由两个或两个以上的国家或民间团体，为了实现共同的经济目标，通过缔结国际条约或协议建立的、具有常设组织机构和经济职能的国家或组织联合，包括政府间和非政府间组织（陈漓高等编著，2010：4）。

依照涉及的地域范围及其组织功能，国际经济组织可分为全球性、区域性和专业性三大类型；依据组织活动的行业领域划分为综合性和行业性。其中，专业性国际经济组织主要是指按照实际业务内容和经营方向设立的，其特点在于：根据某些国际条约经济目标的要求开展工作，具有较强的专业性和业务性；行业性国际经济组织主要是在某一具体经济领域活动的组织，可细分为国际贸易、国际金融、国际投资、国际发展等领域的组织。主要的国际经济组织见表 1（陈漓高等编著，2010：5）：

表 1　主要的国际经济组织

类型	名称	成立时间	主要特点
全球性国际经济组织	国际货币基金组织	1945 年 12 月	范围广、会员多、影响大，是大多数国家和地区争相加入的组织
	世界银行	1945 年 12 月	
	联合国粮农组织	1946 年 12 月	
	联合国贸发会议	1964 年 12 月	
	联合国开发计划署	1966 年 1 月	
	世界贸易组织	1995 年 1 月	
区域性国际经济组织	东南亚国家联盟	1961 年 7 月	成员以某洲或某地区为界，排斥区域外的国家
	亚太经合组织	1989 年 11 月	
	北美自由贸易区	1992 年 12 月	
	欧洲联盟	1993 年 11 月	
专业性国际经济组织	贸易类 金融类 初级产品输出国组织 国际产品组织		根据某些国际条约经济目标的要求开展工作

随着经济全球化和区域经济一体化的日益扩大，全球性国际经济组织将发挥越来越大的作用。这些作用主要表现在以下几个方面：（1）有助于促进国际经济新秩序的建立。（2）有助于促进国际交流与合作的加强。一是为国际经济活动的主体就经济问题进行协商和合作提供场所；二是为发达国家与发展中国家的交流与合作创造积极条件。（3）有助于国际经济运行规则的制定与完善。一是制定统一的法律规范，

作为所有成员共同遵守的基本准则；二是在调整原有不合理的国际经济与贸易规则中发挥积极作用；三是提供了解决国际经济争端的途径。（4）有助于促进成员多元利益的协调。一是能客观地体现经济全球化背景下的国家利益；二是能有效地协调多边利益，使之实现平衡发展。（5）经济全球化的支持机制。

第四节　跨国公司与规则制定类国际组织

从全球商业责任共同体视角来看，跨国公司与规则制定类国际组织是其主要成员，它们之间的关系是责任共同体的核心内容。遗憾的是，国内学界关于这类主题的情况介绍和研究成果甚少，没有反映出中国企业参加国际经济组织的基本情况、进展及其特征和问题。我们在此参考官方网站和主流媒体报道，以国际商会为例尝试分析一下。

一、国际商会

国际商会（ICC）成立于1919年，总部设在法国巴黎。至2018年，已拥有来自180多个国家和地区的公司会员和协会会员，在近百个国家和地区设有国家委员会或理事会。国际商会是为世界商业服务的非政府组织，是联合国等政府间组织的咨询机构，是全球唯一的代表所有企业的权威代言机构。

国际商会的宗旨是：在经济和法律领域内，以有效的行动促进国际贸易和国际投资的发展。

国际商会的主要职能包括：（1）在国际范围内代表商业界，特别是针对联合国和政府专门机构充当发言人。（2）促进建立在自由和公平竞争基础上的世界贸易和投资。（3）协调统一贸易惯例，并为进出口商制定贸易术语和各种指南。（4）为商业界提供具体服务，例如设立解决国际商事纠纷的仲裁院、协调和管理货物临时免税进口的 ATA 单证册制度的国际局、商业法律和实务学会、反海事诈骗的国际海事局、反假冒商标和产品的反假冒情报局、为世界航运创造市场条件的海事合作中心和经常组织举办各种专业讨论会以及出版发行各种相关的出版物。

国际商会的工作方式为：制定国际经贸领域的规则、惯例并向全世界商界推广；与各国政府以及国际经济组织对话，以求创造一个有利于自由企业、自由贸易、自由竞争的国际环境；促进会员之间的经贸合作，并向全世界商界提供实际的服务。

二、中国国际商会

中国国际商会（CCOIC）于 1988 年成立，是由在中国从事国际商事活动的企业、团体和其他组织组成的全国性商会组织，是代表中国参与国际商会工作的国家商会。至 2018 年年底，中国国际商会会员数量已达 18 万多家，其中包括绝大多数中央企业、全国性金融机构以及一大批知名民营企业和外资企业。中国国际商会已经成为中国会员最多、国际影响力最大的涉外商会组织之一。

中国国际商会的宗旨是：根据中国的法律、法规，落实国家战略部署，开展促进中外贸易、投资、商事法律和经济技术合作的活动，为会员开展国际经贸合作搭建平台、提供服务；向中外政府部门和国际组织反映中国工商界的利益诉求及政策建议，参与国际经贸规则的制定和推广，维护公平贸易秩序；依法维护会员合法权益，积极倡导社会责任与公益事业；推动行业自律，促进产业和行业健康发展。

中国国际商会的业务范围是：（1）发挥政府和企业间的桥梁和纽带作用，组织会员与中外政府部门、国际组织、商协会和有关机构沟通，反映会员企业的诉求和意见。（2）参与国际商会等国际组织活动，向其推荐中国工商界人士和专家任职，组织会员和专家参与国际商事规则的制定和修改。向国际商会等国际组织反映意见。（3）与国内外政府部门、贸促机构、商协会、国际组织及企业建立联系，开展交流与合作。接待境外经贸界团组和人士来访，组织会员参与国际交流。（4）受政府委托承办或根据市场和行业发展需要，在境内外举办博览会、展览会、会议、论坛，组织会员参加经贸洽谈、技术交流、商业推介、商务考察、项目对接等活动，协助境外经济合作区和境内产业园区开展推广和招商工作，为会员企业开展国际经贸合作提供服务。（5）开展市场研究和经贸调研，编辑、出版有关出版物，建立数据库、网站和其他信息平台，收集、整理和发布经贸信息，向会员提供信息咨询和资信调查等服务。宣传推介国家对外战略和政策、国际经贸规则和惯例，组织商事法律、风险防范等业务培训，帮助会员提高国际化经营能力和核心竞争力。（6）与国际组织、各国政府部门、商协会及法律服务机构合作，建立国际商事法律服务平台。依据中国法律法规和国际商事惯例，出具商事证明，认证商业单据，签发暂准免税进口单证册，代办领事认证；以仲裁、调解等方式解决企业间国际经贸纠纷；办理共同海损和单独海损理算业务；为会员提供知识产权咨询、代理和争议解决等专业服务；开展对外经贸游说和摩擦应对，组织、帮助和代理会员企业在海外维权，开展法律抗辩、公关游说、舆论引导和行业磋商，帮助会员企业防范风险，维护合法权益；等等。

由此，我们看到，中国企业与规则制定类国际组织的基本关系包括：（1）加入其中成为会员。有两种方式：一是直接向国际组织申请成为会员；二是先成为该国际组织中国委员会的会员，再申请成为该国际组织的会员。（2）作为会员承担相应的义务并享有相应的权利。（3）成为该国际组织某个工作组的专家。例如，2018年5月，协鑫集团有限公司品牌管理部总经理庄蓉成功入选国际商会广告与营销传播实务统一准则修订工作组专家；阿里巴巴集团标准化部高级标准专家李克鹏成功入选国际商会数字经济委员会《国际商会企业身份识别指南》起草小组专家。（4）成为该国际组织某专业委员会的召集人或负责人以至该国际组织的领导人。例如，2015年1月，中国标准化专家委员会委员、鞍钢集团公司总经理张晓刚正式就任国际标准化组织主席。（5）牵头创办新的国际组织。例如，2016年3月29日，全球能源互联网发展合作组织在北京成立。企业所处的层次越高，发挥的作用就越大，参与全球经济治理的影响力也就越大。但是，从规则治理视角来看，无论中国企业与规则制定类国际组织的关系处于何种层次，遵循和创制国际规则标准始终是其中的核心议题。

三、全球能源互联网发展合作组织

全球能源互联网发展合作组织（简称"合作组织"）由中国国家电网公司发起，是中国在能源领域发起成立的首个国际组织，也是全球能源互联网的首个合作、协调组织。国家电网公司原董事长刘振亚担任该组织首届主席，美国能源部原部长朱棣文、现任国家电网公司董事长舒印彪以及日本软银集团总裁孙正义担任副主席。

合作组织的宗旨是推动构建全球能源互联网，以清洁和绿色方式满足全球电力需求，推动实现联合国"人人享有可持续能源"和应对气候变化目标，服务人类社会可持续发展。合作组织将积极推广全球能源互联网理念，组织制定全球能源互联网发展规划，建立技术标准体系，开展联合技术创新、重大问题研究和国际交流合作，推动工程项目实施，提供咨询服务，引领全球能源互联网发展。合作组织的成立标志着构建全球能源互联网进入战略落地的新阶段。

第五节　遵循国际规则标准：以企业社会责任为例

跨国公司遵循的国际规则标准是一个多层次、多领域、多类型的体系。从层次来看，有全球性国际组织、区域性国际组织、国家（母国、东道国甚至第三国）、行业、企业自身等多个层次；从领域来看，有国际贸易、国际金融、国际投资和国际发展等；从类型来看，有技术产品标准以及企业社会责任、合规经营、可持续发展等。在此，我们仅以企业社会责任为例，介绍中国跨国公司的基本情况。

对中国跨国公司而言，企业社会责任的规则标准主要来源于国际组织和中国政府，见表2、表3（钟宏武等，2013：5、11、17—18）。当然，东道国政府的规则标准也同样重要，只是由于资料所限，暂不涉及。

表2　企业社会责任的国际原则

国际原则	发起时间	发起主体	作用对象	关注重点
责任关怀原则	1988年	美国化学品制造协会	化工业和渔业	树立良好的行业形象，实现可持续发展
环境责任经济联盟原则	1989年	环境责任经济联盟	美国公司	环境保护

（续表）

国际原则	发起时间	发起主体	作用对象	关注重点
地球宪章	1992 年	联合国环境与发展大会	各个国家	环境保护
国际劳动人权发展活动	1998 年	国际劳工组织和国际自由工联	所有公司	人权
跨国公司治理原则	1998 年	经济合作与发展组织	上市公司	公司治理
全球契约	1999 年	联合国	所有公司	社会责任
成衣业生产行为守则	1999 年	洁净成衣运动	服装企业	改善工作条件
企业社会责任报告指南	2002 年	全球报告倡议组织	所有公司	规范信息披露
商业行为守则	2002 年	国际玩具商协会	玩具企业	社会责任、工作条件
反行贿商业原则	2002 年	透明国际和社会责任国际	所有公司	商业行贿
ISO 1400	2002 年	国际标准化组织	所有公司	环境管理与认证
SIGMA 指导方针	2003 年	未来论坛、责任标准和英国标准协会	所有公司	可持续发展
ISO 26000	2010 年	国际标准化组织	所有公司	社会责任指引

表 3　中国颁布的涉及企业社会责任的政策法规

时间	部门	文件名称
2005 年	商务部	《境外投资开办企业核准工作细则》
2007 年	林业局、商务部	《中国企业境外可持续森林培育指南》
2008 年	国务院国资委	《关于中央企业履行社会责任的指导意见》
2009 年	商务部	《境外投资管理办法》
2009 年	林业局、商务部	《中国企业境外森林可持续经营利用指南》
2009 年	商务部	《对外投资合作国别（地区）指南》
2010 年	商务部	《关于 2010 年全国对外投资合作工作的指导意见》
2011 年	国务院国资委	《中央企业"十二五"和谐发展战略实施纲要》
2012 年	商务部、中国对外承包工程商会	《对外承包工程行业社会责任指引》

根据中国社会科学院企业社会责任研究中心课题组 2013 年的调查和研究，中资企业在海外社会责任方面存在诸多问题和挑战：

1. 环境复杂。主要表现在：（1）经济形势严峻，企业社会责任支出降低。（2）政局不稳打消企业履责积极性。（3）本土融入困难，公益项目无从下手。

2. 管理欠缺。主要表现在：（1）公益理念不明晰。（2）组织机构不完善。（3）项目运作不规范。

3. 沟通不足。主要表现在：（1）企业宣传能力不强。（2）国际舆论压力增大。

4. 合作缺乏。主要表现在：（1）公益项目偏走"上层路线"。（2）单独运作，少与非政府组织合作。（钟宏武等，2013：35—49）

为应对挑战、解决问题，中国跨国公司可学习借鉴发达国家跨国公司开展海外公益活动的五点共性：（1）结合主业：利用自身核心优势，寻找合适的公益主题。（2）立足当地：以当地社区为对象，注重公益项目本土化。（3）与非政府组织合作：借助非政府组织专业知识和能力，提升公益质量。（4）长效机制：持续推进公益活动，建立公益长效机制。（5）多方参与：吸引员工和利益相关者参与公益，加强公益文化传播。

我们认为，与非政府组织（当地的、国际的和中国的）合作将是中国跨国公司履行海外社会责任的重要且有效的途径和方式。

第六节　创制国际规则标准：以国际标准化为例

在国际规则标准的创制上，中国企业是后来者。因此，通过国际组织参与全球经济治理将是一条主要的途径和方式。在具体实施过程中，中国企业应充分考虑到以下两点：一是渐进性，加入国际组织并发挥作用是一个长期的过程，要走实走稳每一步，才能逐渐实现预期的目标；二是匹配性，企业整体实力与国际组织的影响力之间要相互匹配，从大处着眼，从小处着手。

实践也同时表明，国际标准化是中国大多数企业可以参与的全球经济治理的基本活动（与国际标准化组织原主席张晓刚先生的访谈，2018 年 9 月 17 日于上海）。国际标准化是指在国际范围内由众多的国家或组织共同参与开展的标准化活动。其主要任务是研究、制订并推广采用国际统一的标准；协调各国、各地区的标准化活动；研讨和交流有关标准化事宜（国家标准化管理委员会国际标准部编，2006：61—64）。

国际标准化活动的主要内容包括：

1. 研究、制订和发布国际标准。主要特点是：（1）项目和内容的目的性原则。（2）程序的公开化、透明化和规范化。（3）利益相关方的广泛参与。（4）充分协调一致。（5）实行统一的标准编写规则。（6）明确的上诉程序。

2. 推广应用国际标准。主要方式有：（1）加强宣传。（2）促进法规的应用。（3）与合格评定密切结合。（4）加强采标方法的指导。（5）充分发挥国际标准用户联合会的作用。（6）确立版权政策和销售政策。（7）充分利用电子信息渠道。

3. 协调有关国际组织、区域组织的标准化活动。主要包括：（1）国际标准化组织（ISO）、国际电工委员会（IEC）、国际电信联盟（ITU）三大国际标准化组织之间的协调。（2）国际标准化组织与其他国际组织之间的协调。（3）国际标准化组织与区域标准化组织之间的协调。

4. 举办国际标准化论坛和培训班，研讨和交流有关标准化事宜：（1）政策论坛（如发展中国家事务论坛、合格评定论坛、保护消费者利益论坛等）。（2）标准专项论坛（如职业健康安全管理体系论坛等）。（3）创建"全球市场标准论坛"。（4）举办发展中国家各类培训班。

企业参与国际标准化活动可以获得以下收益：（1）有机会主导起草国际标准，直接参加国际标准起草工作组的工作，从而将企业的技术创新成果纳入国际标准，引导全球技术的发展方向，使企业创新成果产业化、国际化，提高企业的声誉和国际竞争力。（2）对需要制定以及实施中的国际标准，及时提出意见和议案，反映企业的诉求和国家的要求。争取将意见和要求纳入国际标准，以维护企业和国家的利益。（3）参加讨论国际标准的技术会议，获得有关国际标准制定、国际标准化发展动向的资料和活动信息。这对企业产品发展和技术创新都是重要的知识资产。（4）结识许多技术专家，尤其是本行业全球权威专家。这有利于企业建立外部专家网络，发挥专家的咨询功能，助力本企业技术能力的提升和整体发展。

2015 年 5 月 1 日，国家质量监督检验检疫总局（现国家市场监督管理总局）与国家标准化管理委员会共同发布的《参加国际标准化组织（ISO）和国际电工委员会（IEC）国际标准化活动管理办法》正式实施。该办法所称参加国际标准化活动是指参加国际标准化组织（ISO）和国际电工委员会（IEC）的相关活动。具体包括：（1）担任 ISO 和

IEC 中央管理机构的官员或委员。（2）担任 ISO 和 IEC 技术机构负责人。
（3）承担 ISO 和 IEC 技术机构秘书处工作。（4）担任工作组召集人
或注册专家。（5）承担 ISO 和 IEC 技术机构的国内技术对口单位工作，
以积极成员或观察员的身份参加技术机构的活动。（6）提出国际
标准新工作项目和新技术工作领域提案，主持国际标准制修订工作。
（7）参加国际标准制修订工作，跟踪研究国际标准文件，并进行投票
和评议。（8）参加或承办 ISO 和 IEC 的国际会议。（9）其他参加的
国际标准化活动。

该办法是中国企业参加国际标准化活动的重要指导性文件。

遵循国际规则标准需要更多的中国企业的关注和重视，尤其是在
共建"一带一路"的行动中。创制国际规则标准在中国行业领先企业
中已有较多的实践，但研究严重滞后于实践，这将是全球商业共同体
理论构建中的重要课题。

参考文献

陈漓高、齐俊妍、张燕等编著《国际经济组织概论》，首都经济
贸易大学出版社，2010 年。

国家标准化管理委员会国际标准部编《企业参与国际标准化活动
工作指南》，中国标准出版社，2006 年。

黄河《跨国公司与当代国际关系》，上海人民出版社，2008 年。

苏长和《全球治理体系转型中的国际制度》，《当代世界》2015 年
第 11 期。

王彬《跨国公司全球化治理模式探究》，《社会科学辑刊》2013 年

第 1 期。

徐进、刘畅《中国学者关于全球治理的研究》，《国际政治科学》2013 年第 1 期。

张蛟龙《参与全球治理：中国跨国企业的角色》，《国际关系研究》2017 年第 2 期。

钟宏武、张蒽、魏秀丽等《中国国际社会责任与中资企业角色》，中国社会科学出版社，2013 年。

| 第三部分 |

战略创新

　　本书第一部分初步分析了中国企业共建"一带一路"的基本情况与进展。我们认为，目前中国企业所进行的"一带一路"实践与"一带一路"倡议和人类命运共同体理念的要求之间存在较大的差距甚至是脱节。为解决这个现实问题，中国企业需要用创新驱动的方式，替代目前占主流地位的惯性推动方式。创新驱动是一个包括理论创新、战略创新、行动创新的"三位一体"模式。在本书第二部分，我们提出了全球商业共同体的新概念和理论，这是理论创新方面的尝试和努力。

　　在第三部分，我们将专门探讨中国企业共建"一带一路"的战略创新问题。这个战略创新也是目标、战略和能力"三位一体"的：目标（愿景、使命）指引战略和能力的发展方向，战略决定了企业如何去实现愿景和使命，能力则是战略实施的支撑和保证。

　　作为中国企业共建"一带一路"的理论，全球商业共同体要发挥其引导作用，必须全面融入中国企业的全球战略中，成为其全球战略的核心内容。具体来说，全球商业共同体要产生作用，必须融入目标、战略和能力这三个层面。这是中国企业在现有基础上新增的创新（见表1）。

表 1　目标、战略、能力的新增创新

三个层面	现有状态	新增创新
目标	世界级跨国公司	全球商业共同体
战略	基于股东/客户利益的竞争	基于利益相关者的合作
能力	基于核心竞争力的硬实力	基于公司外交能力的软实力

第七章从目标（愿景、使命）层面讨论作为新目标的全球商业共同体意味着什么，它与目前中国企业目标之间的关系怎样，以及如何把全球商业共同体新目标融入企业的愿景和使命中。

第八章从战略层面讨论全球商业共同体要求下的基于利益相关者的合作战略的具体内容是什么，与目前占主流地位的基于股东或客户利益的竞争战略之间存在哪些差异，以及如何设计和制定企业的基于利益相关者的合作战略。

第九章从能力层面讨论实施基于利益相关者的合作战略需要基于公司外交能力的软实力建设和提升。这些软实力的具体构成是什么，与硬实力之间存在什么样的关系，以及如何形成和提升这些软实力。

第七章

新目标：全球商业共同体

　　企业战略教科书中关于愿景、使命和战略的定义各种各样。鉴于本书的主题，我们采用以下定义：愿景主要回答企业为什么存在的问题，它的定义是企业愿意为他人解决的需求；使命陈述是指企业为了实现愿景而要去做什么，其表现为企业试图去执行的各种类型的活动；战略决定了企业如何去完成使命，说明了企业获取可持续优势的方法（钱德勒等编著，2014：32）。

第一节　作为目标的全球商业共同体

　　在本书第三章中，我们将全球商业共同体界定为基于某个全球性商业场景的共同体。具体而言，全球商业共同体是指基于某个全球性商业场景，以其中的跨国公司及其利益相关者为成员的群体。在该群体中，跨国公司与不同类型成员之间的共同行动，将形成不同类型的关系（市场关系、非市场关系和治理关系），并实现不同类型的目标（共同发展、积极和平和改善治理）。

　　把上述理论语言转化为企业愿景，可表述为：（1）中国跨国公司是行为主体，构建全球商业共同体是它的最终愿景。（2）构建全球商业共同体必须通过每一个全球性商业场景来实现，例如投资或承建项目、战略联盟、产业园区和经济走廊等。（3）构建全球商业共同体必须关注全体成员的利益需求，而不是仅仅关注某类甚至某个成员的利益需求。

为了实现构建全球商业共同体这个新愿景，中国跨国公司必须完成三大使命——共同发展、积极和平和改善治理，具体如下：（1）与市场利益相关者共同构建利益共同体（或发展共同体），完成共同发展（或解决发展赤字问题）的使命。（2）与非市场利益相关者、规则监督类及和平公益类国际组织共同构建价值共同体（或和平共同体），完成积极和平（或解决和平赤字问题）的使命。（3）与规则制定类国际组织共同构建责任共同体（或治理共同体），完成改善治理（或解决治理赤字问题）的使命。

以上是全球商业共同体视角下的一般意义上的企业愿景和使命。对特定的企业而言，其愿景和使命主要是结合自身及所在的行业环境中的特点来表述的。这其中是否拥有作为愿景和使命的全球商业共同体元素，还需要我们通过其内容进行具体分析。

第二节　中国企业的愿景和使命

我们选择中国交通建设集团有限公司、招商局集团、华立集团、浙江吉利控股集团四家公司进行分析，因为它们都是参加过推进"一带一路"建设工作座谈会的企业。这四家公司的官方网站披露的有关愿景和使命（目标）陈述见表1：

表 1　四家中国企业的愿景和使命（目标）陈述

企业名称	愿景	使命	目标
中国交建	让世界更畅通 让城市更宜居 让生活更美好	固基修道 履方致远	全面建设具有国际竞争力的世界一流企业
招商局	建设具有全球竞争力的 世界一流企业	以商业成功 推动时代进步	（价值观）与祖国共命运，同时代共发展
华立	创全球品牌，树百年华立（宗旨） 增进社会福祉、实现人生价值	（商业理念） 守护绿色家园， 分享健康生活	具有全球经营能力及竞争力的跨国公司 一家受人尊敬的 "百年老店"
吉利	中国汽车强国梦、全球汽车产业 转型升级、用户更好体验	（发展战略） 可持续发展	（核心价值理念） 快乐人生，吉利相伴

初步分析可以发现：（1）各个公司对愿景、使命、目标的界定有所不同。"建设具有国际（全球）竞争力的世界一流企业"被中国交建列在目标中，而招商局却将其列在愿景中；吉利没有明确陈述的愿景。（2）对愿景和使命所在的位置的理解也有不同，例如中国交建就把愿景和使命归在企业文化中，而不是通常的企业战略中。（3）单从愿景或目标来看，中国交建更接近全球商业共同体的要求，其他三家企业还是局限在自身的发展上。（4）单从使命来看，还没有一家企业接近全球商业共同体的要求。

值得提及的是，阿里巴巴集团官方网站显示：我们旨在构建未来的商务生态系统。我们的愿景是让客户相会、工作和生活在阿里巴巴，并持续发展最少 102 年。我们的使命是让天下没有难做的生意。其中含有全球商业共同体的某些基本元素。

以上情况表明，中国企业绝大多数还以成长为跨国公司或具有全球竞争力的世界一流企业为目标和愿景。这既符合中国企业的实际情况和发展阶段，也是党和国家的希望和要求。

第三节　国家战略对中国企业的目标要求

国家战略对中国企业的目标要求可分为三个阶段：一是 1978 年改革开放启动到 1999 年的政策阶段；二是 2000 年提出"走出去"战略到 2015 年的战略阶段；三是从 2015 年发布"一带一路"倡议官方文件开始的国际合作共同发展阶段（商务部编写组编，2018：22—24）。

一、第一阶段：对外投资与跨国经营

1978 年 12 月，十一届三中全会明确指出，要"在自力更生基础上，积极发展同世界各国平等互利的经济合作"。

1979 年 8 月 13 日，国务院提出了"出国开办企业"的经济改革措施。这是 1949 年以来第一次把发展对外直接投资作为国家政策。

1992 年，十四大报告指出，要"积极扩大我国企业的对外投资和跨国经营"。

1997 年，十五大报告指出，要"积极参与区域经济合作和全球多边贸易体系……鼓励能够发挥我国比较优势的对外投资，更好地利用国内国外两个市场、两种资源"。

二、第二阶段："走出去"与跨国公司

2000 年以后，"走出去"战略有了许多进一步论述，越来越全面，越来越深入。

2001 年 3 月，九届全国人大四次会议通过的《国民经济和社会发

展第十个五年计划纲要》专节论述"走出去"战略，明确提出要"支持有实力的企业跨国经营，实现国际化发展"。

2003 年 10 月，十六届三中全会通过的《关于完善社会主义市场经济体制若干问题的决定》指出："继续实施'走出去'战略是建成完善的社会主义市场经济体制和更具活力、更加开放的经济体系的战略部署，是适应统筹国内发展和对外开放要求的，有助于进一步解放和发展生产力，为经济发展和社会全面进步注入强大动力。"

2006 年，第十一个五年规划纲要专节论述"走出去"战略，提出："支持有条件的企业对外直接投资和跨国经营。……通过跨国并购、参股、上市、重组联合等方式，培育和发展我国的跨国公司。"首次提出"培育和发展我国的跨国公司"。

2007 年，十七大报告指出："加快培育我国的跨国公司和国际知名品牌。……注重防范国际经济风险。"其中的"加快"一词凸显出我国发展跨国公司的紧迫性，同时提出创建国际知名品牌和防范国际风险，这是之前文件中未曾有过的。

2011 年，第十二个五年规划纲要提出："统筹'引进来'与'走出去'，坚持'引进来'和'走出去'相结合，利用外资和对外投资并重，提高安全高效地利用两个市场、两种资源的能力。……逐步发展我国大型跨国公司和跨国金融机构，提高国际化经营水平。……防范各类风险。'走出去'的企业和境外合作项目，要履行社会责任，造福当地人民。"此处跨国公司前有定语"大型"，同时提出要履行社会责任。

2012 年，十八大报告指出："加快'走出去'步伐，增强企业国际化经营能力，培育一批世界水平的跨国公司。"这是对中国企业的新要求——世界水平的跨国公司。

三、"一带一路"倡议与世界一流企业

2016 年，第十三个五年规划纲要提出，要"以'一带一路'建设为统领，丰富对外开放内涵，提高对外开放水平，协同推进战略互信、投资经贸合作、人文交流，努力形成深度融合的互利合作格局，开创对外开放新局面"。并且特别要求："开展国际产能和装备制造合作，推动装备、技术、标准、服务'走出去'……支持企业扩大对外投资，深度融入全球产业链、价值链、物流链。建设一批大宗商品境外生产基地及合作园区。"

2017 年，十九大报告指出："我国经济已由高速增长阶段转向高质量发展阶段，正处在转变发展方式、优化经济结构、转换增长动力的攻关期，建设现代化经济体系是跨越关口的迫切要求和我国发展的战略目标。"并明确要求："深化国有企业改革，发展混合所有制经济，培育具有全球竞争力的世界一流企业。""要以'一带一路'建设为重点，坚持'引进来'和'走出去'并重，遵循共商共建共享原则……创新对外投资方式，促进国际产能合作，形成面向全球的贸易、投融资、生产、服务网络，加快培育国际经济合作和竞争新优势。"

由此可见，中国国家战略对中国企业的要求在不断提高：从跨国公司到大型跨国公司，再到世界水平的跨国公司和具有全球竞争力的世界一流企业，即世界级跨国公司。

第四节　中国企业的双重挑战

对绝大多数中国企业而言，以成长为世界级跨国公司为目标和愿景，本身就是一大挑战。因为，就目前状况来看，中国跨国公司的数

量和质量与发达国家的世界级跨国公司之间存在很大的差距。

世界级跨国公司的具象化就是"全球 100 强跨国公司"。与其相比，中国企业的差距表现在以下几个层面（商务部编写组编，2018：24—26）：

首先，包括中国在内的发展中国家跨国公司群体与发达国家跨国公司群体存在较大的差距。

早期的 1990—1994 年间，没有一家发展中国家的跨国公司进入全球 100 强跨国公司排行榜。1995 年，第一次有发展中国家跨国公司上榜，仅两家：第 52 位的韩国大宇公司和第 88 位的委内瑞拉石油公司。

1999 年，中国企业第一次上榜，是第 48 位的香港和记黄埔公司。中国内地企业第一次上榜，是 2007 年第 88 位的中信集团。同年上榜的发展中国家和地区的企业还有：香港和记黄埔（排位 22）、墨西哥 Cemex（排位 45）、韩国 LG（排位 69）、韩国三星电子（排位 75）、马来西亚石油公司（排位 84），加上中信集团一共 6 家。

2016 年全球 100 强跨国公司中，发达国家企业为 91 家，发展中国家企业为 9 家（10 年增加了 3 家），差距非常明显。中国上榜的 4 家跨国公司为长江和记（香港，排位 19）、鸿海产业（台湾，排位 40）、中海油（大陆，排位 44）、中远（大陆，排位 81）。值得特别注意的是，作为"世界工厂"的中国，境内竟然没有一家制造业企业上榜（不含香港、澳门和台湾地区）。

2016 年全球 100 强跨国公司按国别可分为四个梯队：第一梯队是美国，第二梯队是英、德、法、日四国，两者占了 69% 的比重；第三梯队是瑞士、中国、意大利、西班牙、爱尔兰五国；第四梯队是各有一家上榜的 14 个国家。

再者，中国 100 强跨国公司与全球 100 强跨国公司之间存在较大的差距。有两个指标可描述这个差距：一是跨国化指数［TNI，按照（公司的海外营业收入 ÷ 营业收入总额＋海外资产 ÷ 资产总额＋海外员工 ÷ 员工总数）÷3×100% 计算得出］；二是上榜门槛，即排位 100 的跨国公司海外资产总额。

2011 年 11 月，中国企业联合会、中国企业家协会首次发布"中国跨国公司 100 大及跨国指数"，之后，每年发布。在此，我们把中国 100 强跨国公司与全球 100 强跨国公司 2016 年的数据进行比较，见表 2（UNCTAD，2017；中国企业联合会和中国企业家协会，2016）：

表 2　2016 年中国 100 强与全球 100 强跨国公司比较

跨国公司	跨国化指数（TNI）	上榜门槛
中国跨国公司	14.8%	61.85 亿元 ≈9.26 亿美元
全球跨国公司	66.1%	371.58 亿美元

但是，中国企业仅成为世界级跨国公司是远远不够的。根据"一带一路"倡议和人类命运共同体的要求，中国企业还要成为全球商业共同体，这对中国企业而言，又是一大挑战。所以，中国企业面临着双重挑战，即在成为世界级跨国公司的进程中，同时成为全球商业共同体。

第五节　中国企业如何应对双重挑战

首先，有信心和能力的所有中国企业都应成为跨国公司，其中少数企业可以成为全球公司甚至世界级跨国公司。

根据中国企业弱小后发的特性和发达国家跨国公司战略调整情况，中国企业成长为跨国公司的战略选择如表3（商务部跨国经营管理人才培训教材编写组编，2009：212）：

表3　全球化条件下中国企业的跨国成长战略

类型	嵌入战略	利基战略	承接战略	抢先战略
市场属性	主流市场	利基市场	现有市场	全新市场
游戏规则	完全遵从	制定	遵从	多方协定
竞争对手	无竞争	忽视/不关注	退出/放弃	必争/力争
竞争优势	本土制造	综合优势	本土制造/本土市场	技术资源
基本条件	不一定	不一定	本土领先	本土领先
实施难度	小	小	中	大
风险程度	小—中	小	中—大	大
所需时间	短	中	短	长
典型企业	富士康	中集集团	浙江吉利	华为技术

全球公司是跨国公司全球化发展的新阶段或高级形态（王志乐，2015："序言"第3页）。与一般跨国公司相比，全球公司的全球化程度大大提高，其跨国指数超过50%。全球公司具有以下三个方面的主要特征：（1）全球战略。从跨国经营转向全球经营，具体表现为打造全球价值链、通过外包整合全球资源、通过并购快速扩张等。（2）全球管治。形成全球管理网络和治理结构，主要内容包括股权全球化、公司治理和管理结构适应全球化进行调整。（3）全球责任。形成以责任为核心的公司文化，主要内容包括承担全面的责任、承担全球的责任和淡化国籍强化全球性。

　　世界级跨国公司就是具有全球竞争力和影响力的跨国公司或全球公司，其标志就是《世界投资报告》中的全球 100 强跨国公司排行榜，2016 年中国境内企业仅两家上榜（不含香港、澳门和台湾地区，下同）。当中国境内企业有 10 家企业进入该排行榜时，可以认为，中国已出现了世界级的跨国公司。

　　然后或同时，中国跨国公司要成为全球商业生态系统中的主导企业。简单而言，跨国公司是全球商业生态系统中的主要成员，全球商业生态系统是由某家或多家跨国公司主导的网络体系，其成员还包括处于不同位置的其他跨国公司。在中国企业成长为跨国公司的过程中以及成为跨国公司之后，中国跨国公司通常处在发达国家跨国公司占主导地位的全球商业生态系统中，刚开始位于边缘状态，再进入中间位置，最后才有可能成为主导企业。

　　如何成为全球商业生态系统中的主导企业？这必须根据企业实际状况和环境特征做出合适的战略选择。观察中国企业的实践，我们认为，以下两条途径和方式可供考虑和选择：一是非平台企业采取广泛、深度的国际战略联盟，尤其是研发和创新联盟，例如华为技术；二是平台企业采取全球化战略，例如阿里巴巴集团。

　　最后或同时，从商业生态系统进化到全球商业共同体。我们认为，全球商业生态系统与全球商业利益共同体是同义的，也就是说，当中国跨国公司成为某个全球商业生态系统中的主导企业时，该跨国公司已完成全球商业利益共同体的构建，完成共同发展的使命。在此基础上或同时，该跨国公司再与非市场利益相关者和规则监督类及和平公益类国际组织共同构建价值共同体，完成积极和平的使命。再与规则制定类国际组织共同构建责任共同体，完成改善治理的使命。

　　由此观之，中国跨国公司任重道远！要成为全球商业共同体的构建者和主导者，形成全球商业共同体意识是前提，无此意识将无法实现。在初步意识形成之后或同时，中国跨国公司要以构建全球商业共同体为新的战略目标，并在该新目标的指引下，制定合适的战略，提升相应的能力。后者正是下面两章探讨的主题。

参考文献

UNCTAD. *World Investment Report* 2017, 2017.

〔美〕戴维·钱德勒等编著《战略企业社会责任：利益相关者、全球化和可持续的价值创造》（第3版），东北财经大学出版社，2014年。

商务部编写组编（康荣平、柯银斌执笔）《中外企业国际化战略与管理比较》，中国商务出版社，2018年。

商务部跨国经营管理人才培训教材编写组编《中外企业跨国战略与管理比较》，中国商务出版社，2009年。

王志乐《全球公司》，上海人民出版社，2015年。

中国企业联合会、中国企业家协会《2016年中国跨国公司100大及跨国指数》，2016年。

第八章

新战略：
基于利益相关者的合作

　　战略服务于目标（愿景、使命），目标不同，战略也就不同。以世界级跨国公司为目标的战略与以全球商业共同体为目标的战略就存在许多不同之处，如果称前者为"现战略"，那么可称后者为"新战略"。"新战略"是企业在"现战略"基础上需要新增的内容，它包括"现战略"而不是替代"现战略"。

　　现战略与新战略的主要内容和特征，我们将其归纳在表1中：

表 1　现战略与新战略的比较

主要内容和特征	现战略	新战略
目标	世界级跨国公司	全球商业共同体
环境	市场环境	非市场环境
性质	市场战略	非市场战略
利益相关者	市场关系	非市场关系
主导逻辑	基于股东／客户的竞争	基于利益相关者的合作
核心	竞争取胜	合作共生
层面	业务／公司	价值／责任
基础理论	基于产业 基于资源 基于制度	共同发展导向 积极和平导向 改善治理导向

从理论视角而言，新战略是"新"的，其"新"的主要表现在以下几个方面：（1）时间较短。市场战略理论从 20 世纪 60 年代开始，非市场战略理论则是从 1995 年开始的。（2）地位较低。无论是论著数量还是影响力，无论是明星学者还是咨询工具化，非市场战略的地位远低于市场战略。（3）传播缺乏。以中国商学院为例，只有北京大学光华管理学院在 MBA 中开设"非市场战略"课程，而且只有一位教师在授课（与北京大学光华管理学院蔡曙涛教授的访谈，2018 年 11 月 1 日于北京）。（4）在工商界人士、财经记者等有影响力的人群中认知度极低。这是我们团队成员随机访问和观察的结论。

但从实践视角来看，新战略中的各类行为在企业中早已存在，其差别只是在于行为规模、力度、广度、深度以及机制化程度的不同。其中的关键问题在于：企业高级管理者并没有意识到这类行为对企业发展具有战略意义，更没有从战略高度来认识、把握这类行为，以及为其配置相应的资源。

当企业以全球商业共同体为目标时，企业高级管理者的上述状况必须加以改变。如何认识和改变，这就是本章的主要内容和目的。

第一节　现战略的内容概览

我们选择彭维刚教授的《全球企业战略》一书来介绍现有的企业全球战略的主要内容。因为，"它是世界上第一本在全球范围阐述全球战略的课本"（彭维刚，2007："前言"第 2 页），这正是构建全球商业共同体所需要的基础性和适用性的理论和方法。

一、全球战略的基础理论

战略的本质很可能是周密计划的行动和没有计划而自发式行动的结合体。因此，该书将战略定义为：关于一个企业在竞争中如何取胜的理论，而全球战略是指全球范围内各种企业的战略。有关战略的基本问题是：（1）为什么企业会有所差异？（2）企业的行为是怎样的？（3）哪些因素决定了企业的经营范围？（4）什么因素决定了企业在国际上的成败？

企业战略的基础理论主要包括：（1）基于产业的战略观。它认为战略的主要任务就是对影响一个行业的五种力量（企业之间的竞争、购买者和供应商的讨价还价的能力以及新进入者和替代品的威胁等）进行考察，并且在这五种力量作用下找到企业所处的相对较为有利的位置。它主要研究的是外部的机会和威胁。（2）基于资源的战略观。该书更加强调的是企业内部的优势和弱势，认为企业所特有的资源、能力及核心竞争力决定了企业的成败。（3）基于制度的战略观。该书认为，企业在制定战略时除了考虑产业和企业层面的因素外，还需要考虑到更广泛的国家和社会等影响因素。尤其是新兴经济中的企业，更容易受到制度的影响，如国内市场改革及国外政治冲突等。

二、业务层面的战略

业务层面的战略主要包括以下四个方面的内容：（1）创业企业的成长与国际化。（2）进入国外市场。（3）发挥战略联盟与战略网络的作用。（4）管理全球动态竞争。

创业企业的国际化有两条途径：（1）外向国际化，直接出口、特许经营、直接投资是可选择的方式。（2）内向国际化，至少有五种方式可供选择，间接出口、成为国外企业的供应商、成为国外品牌的许可或特许经营商、成为国外直接投资者的战略伙伴和通过出售证券实现收获与退出。

进入国外市场通常需要关注以下问题并获得自己的答案：为何要走向国外？进入何处？何时进入？如何进入？其中，进入模式具有一般性，不同模式各有优势和劣势，见表2（彭维刚，2007：178）：

表2　进入模式的优势与劣势

进入模式			优势	劣势
非股权模式	出口	直接出口	母国生产的规模效益 对销售有大的控制力	运输成本高、远离消费者、 贸易壁垒多
		间接出口	生产资源集中 不需要直接处理出口流程	对销售控制不足 无法学习海外经营
	合约性协议	许可/特许经营	开发成本低 扩张风险低	对技术和销售缺乏控制 可能会培养竞争者 不能进行全球协调
		交钥匙	能从限制外国直接投资的 国家中获得投资回报	可能产生强劲的竞争者 业务不能长期持续
		研发合同	能打进某些低成本创新的地区	合同谈判难度大 会培育出较强的竞争者 会丧失核心创新能力
		联合营销	接触到更多的客户	协作范围有限
股权模式	合资企业		成本共摊，风险共担 利用合伙方的知识与资产 政治上易于接受	各方利益目标不同 权益和业务控制权有限 全球协调困难
	全资子公司	绿地投资	拥有股权和业务控制权 有利于技术及技术诀窍的保护 全球范围内协调能力强	潜在的政治问题和风险 开发成本大 进入速度较缓慢
		收购	优点同上 进入速度较快	缺点同上（除速度） 整合难度大

　　企业间的合作关系有两种类型：（1）战略联盟，指企业之间在产品、技术或服务的交换、共享和联合开发等方面的一种自愿协议。其主要形式就是表 2 中的文字加黑部分。（2）战略网络，是指为了与其他同类企业群体或单个企业竞争，多个企业之间形成的战略联盟。

　　关于战略联盟与战略网络的决策，可考虑采用下面的三阶段管理决策模型，见图 1（彭维刚，2007：203）：

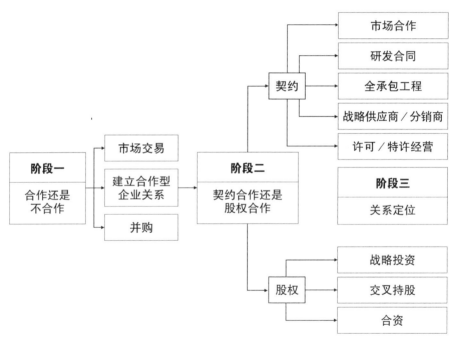

图 1　战略联盟与战略网络的三阶段管理决策模型

三、公司层面战略

公司层面战略主要涉及以下多个主题：多元化、收购与重组，跨国经营中的组织结构、学习与创新，在全球范围内进行公司治理，战略与公司社会责任。我们仅介绍与本书主题密切相关的战略与公司社会责任。

公司社会责任是指"公司需要考虑并回答那些超出了企业狭隘的经济、技术和法律要求的问题，这些问题需要企业在追求传统利润的同时为社会做贡献"（彭维刚，2007：362）。利益相关者是其中的核心概念，是指"任何可以影响企业实现目标或受企业目标影响的组织和个人"，见图2（彭维刚，2007：362）：

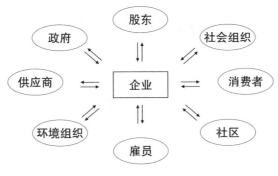

图 2　企业及其利益相关者

公司社会责任的关键目标是实现全球可持续发展，即"满足当代人的需求而又不危及未来人类的需求"（彭维刚，2007：363）的能力。为实现这个目标，跨国公司需要切实遵循若干国际组织制定的公司社会责任准则，见表3（彭维刚，2007：364）：

表3 国际组织制定的公司社会责任准则

东道国政府

• 不干预东道国的国内政治事务（经济合作与发展组织、联合国）

• 考虑东道国政府的权利和本土员工的组织，以确保它们的投资与东道国的经济社会发展政策相一致（国际工农商会、国际劳工组织、经济合作与发展组织、联合国）

• 为所在地政府提供正确评估税收义务的必要信息（国际工农商会、经济合作与发展组织）

• 如果本地的配件、原材料的价格和质量具有竞争性,优先选择当地资源(国际工农商会、国际劳工组织)

• 在东道国进行利润再投资（国际工农商会）

法律、规则及政策

• 尊重每个国家对本国自然资源的控制权（联合国）

• 避免卷入当地政策中不合适的或者违法的部分（经济合作与发展组织）

• 不贿赂，不提供不正当的利益给公务员（经济合作与发展组织、联合国）

技术转让

• 与当地政府合作，评估向发展中国家转让技术的影响作用，提高他们的技术水平（经济合作与发展组织、联合国）

• 发展和采用满足当地需求的技术(国际工农商会、国际劳工组织、经济合作与发展组织)

• 在发展中国家开展研究和发展活动,最大限度地使用当地资源和人才(国际工农商会、联合国)

• 当赋予工业所有权的许可时,提供合理的条款(国际工农商会、经济合作与发展组织)

环境保护

• 尊重东道国的环境保护法律和规定（经济合作与发展组织、联合国）

• 在发展当地和国际环境保护标准方面，与当地政府及国际组织合作（国际工农商会、联合国）

• 提供东道国政府需要的关于本公司的环境影响信息

消费者保护

• 发布合适的信息、正确的标签、准确的广告，以保障消费者的安全和健康（联合国）

员工

• 与东道国政府合作，为当地创造工作岗位（国际工农商会）

• 在东道国增加就业机会和标准（国际劳工组织）

• 如果工厂倒闭，应提前通知，减少负面影响（经济合作与发展组织、联合国）

• 制定非歧视就业政策（国际劳工组织、经济合作与发展组织）

• 尊重员工集体谈判的权利（国际劳工组织、经济合作与发展组织）

人权

• 尊重东道国人民的人权和基本的自由（联合国）

• 尊重东道国的社会和文化目标、价值和传统（联合国）

综上所述，现战略主要是市场环境中的市场战略，主导逻辑是采取竞争取胜方式追求股东利益最大化或为客户创造价值（其中的合作行为主要也是以更加有效的竞争为目的的），同时还要从战略层面履行公司社会责任。

而以构建全球商业共同体为目标的新战略，不仅要有市场环境中的市场战略，而且还包括非市场环境中的非市场战略，以及面向国际组织的战略。其主导逻辑是同时关注市场和非市场利益相关者，以合作为主要方式建立众多利益相关者之间的可持续发展的共生关系。

到目前为止，新战略的理论基础还在形成过程中，新战略的实践还需要全心挖掘和整理。但可以确定的是，新战略的主导逻辑主要涉及三条主线：一是通过市场利益相关者之间的战略联盟实现共同发展；二是通过非市场利益相关者和规则监督类、和平公益类国际组织之间的非市场战略或公司外交实现积极和平；三是在市场和非市场环境中，通过遵循和创制国际规则标准实现改善治理。

第二节　通过战略联盟实现共同发展

战略联盟作为企业发展战略实施的三条途径之一（另两条途径分别是绿地投资和收购兼并），在现战略理论和实践中已占据一定的地位并发挥了作用。在以全球商业共同体为目标的新战略中，战略联盟的地位应该得到提升，其作用将得以更全面发挥，因为战略联盟是实现共同发展的主要途径，其他两条途径对竞争取胜的作用更大。为此，以下若干事项值得中国企业实践者和研究者的共同关注和重视，并落实到具体行动中。

一、在公司战略层面重视并运用战略联盟

从中国政府的官方统计数据、中国企业的年度报告、主流媒体的新闻报道和学者的研究论著中，我们很难找到中国企业战略联盟的总体状况、地位和作用，以及成败案例等方面的数据、资料和文献。其数量和质量远远低于绿地投资和收购兼并两条途径。尤其是收购兼并，一直是主流财经媒体高度关注的重点。这可能导致人们认为，企业发展只有绿地投资和收购兼并这两条途径。

这种客观存在的现象说明，战略联盟作为企业发展的途径并没有受到应有的关注和重视，中国企业并没有在实践中广泛地采取这条途径。在通常的企业"走出去"战略过程中，这种状况可以理解和接受，因为战略联盟是复杂度和难度最大的"走出去"方式。但是在今天中国企业共建"一带一路"的使命中，这种状况必须加以改变，中国企业高级管理者要在公司战略层面重视并运用战略联盟，甚至将战略联盟作为共建"一带一路"的主导方式。因为，战略联盟是实现共同发展的主要途径，而共同发展是"一带一路"倡议的内在要求。

二、创新战略联盟方式，推进建设商业生态系统

LCD 战略联盟是一种创新方式：（1）通常的战略联盟大多数是两家企业之间的合作关系，LCD 战略联盟是三家或三家以上企业之间的合作关系。（2）LCD 战略联盟中的三家企业分别位于欠发达国家[①]（Less Developed Countries）、中国（China）和发达国家（Developed Countries）。

[①] 欠发达国家也就是我们通常说的发展中国家。

如果 LCD 战略联盟的注册经营地为"一带一路"上的发展中国家，我们可以认为，这类联盟正是参加"一带一路"建设的理想行为主体（柯银斌，2018）。其主要理由如下：

第一，在全球化日益深入的今天，由于中国拥有特殊的"枢纽"地位和作用，产业转移可呈现出同时性的特点，即产业从发达国家转移到中国再转移到发展中国家在同一个时间内发生。LCD 战略联盟适应并将推动这个新的产业转移趋势。

第二，三方优势互补，有利于经营取得成功。一般而言，发达国家企业拥有标准规则制定权、核心技术、全球化管理等优势，中国企业拥有成本创新、生产制造、工程施工等优势，发展中国家企业拥有当地市场经验丰富、熟悉当地文化、劳动力成本低等优势。基于以上优势互补结构建立的 LCD 战略联盟经营成功的可能性更大，尤其是发达国家与发展中国家在历史上曾有过"宗主国"与"殖民地"关系的。当然，这类联盟的管理复杂性和难度也高于通常的战略联盟。

第三，通过国际合作实现共同发展。LCD 战略联盟的股东或成员来自不同发展阶段的三个国家，其国际合作程度较通常的合资企业或联合体要深。只要管理得当，发挥各方潜在的优势，LCD 战略联盟定能取得经营成功。这种商业经营成功，不仅使三方企业获得共同成长，而且有利于三方企业所在国（尤其是该联盟的注册经营地国家）的共同发展。

通过 LCD 战略联盟，一种新的商业生态系统将形成。如果经营有方，中国跨国公司可能成为该商业生态系统中的核心企业或主导企业。这是构建全球商业利益共同体的重要途径和环节。

三、在商业生态系统中发挥核心作用，构建全球商业利益共同体

在特定的商业生态系统中，其成员企业处于不同的位置并拥有不同的角色。这些角色大致上可分为三种类型：核心者、支配主宰者和缝隙者。各成员企业所扮演的角色不同，对生态系统健康的影响也就不同，且从生态系统中获益的机会也不同（扬西蒂和莱维恩，2006：92）。

中国跨国公司可以采取网络核心型战略进而成为商业生态系统中的核心或主导企业。这种战略有两个基本构成要素：

第一，为其生态系统创造价值。这可通过创造运营资产共用优势（一系列为众多成员企业所共同利用与分享的资产）来实现，具体方式包括创造高价值的可共享的资产（如台积电），利用与顾客的直接联系（如戴尔），创建并管理实物和信息方面的中枢（如利丰），支持信息标准的统一，创造并共享高科技水平的工具并创建创新模块（如台积电和易贝），建立并执行绩效标准（如嘉信理财），自建或从外部获得作为运营杠杆的财务资产（如 IBM），在信息的集中处理与沟通协调中降低不确定（如 IBM），通过强有力的平台降低复杂性（如微软）等。

第二，在创造价值的基础上，网络核心企业将与生态系统中的其他成员共享价值。共享价值是网络核心型企业区别于支配主宰型企业的本质标志。

我们认为，共享价值就是共同发展的。只有共享价值，商业生态系统才能转化成为全球商业利益共同体。如果主导企业做不到共享价值，它就只是支配主宰型企业，其商业生态系统也就无法成为全球商业利益共同体。

第三节　通过非市场战略或公司外交实现积极和平

以构建全球商业价值共同体为目标的新战略，主要内容是跨国公司面向非市场利益相关者与规则监督类及和平公益类国际组织采取的行为（沟通、交流、交往、协商、谈判、合作等），以及实现的目标。与这些内容相关的知识来源于企业战略理论、国际关系理论与和平学理论三大学科领域，其概念和表述各有不同（见表4）：

表4　各学科对全球商业价值共同体新战略的表述

学科	行为	目标
企业战略理论	非市场战略	企业合法性
国际关系理论	公司外交	企业目标
和平学理论	冲突化解	积极和平

在新战略的框架下，需要对上述概念和表述进行分析、转化和整理。我们的初步思路如下：

第一，用公司外交描述行为。非市场战略一词源自市场战略并与其对应，本质上仍然是"战略"，而现战略中的"战略"主要是指竞争取胜。因此，把"战略"一词用在全球商业价值共同体中，并不合适，或者说用"公司外交"一词描述这类行为更为合适。由于公司外交研究的成熟度远低于非市场战略，我们还是需要以非市场战略为重要知识来源。同时，可以把冲突化解理解为公司外交的某种方法。

第二，用积极和平描述目标。因为，积极和平不仅可以包括非市场战略的目标——企业合法性，而且可以作为公司外交的目标。尤其是以积极和平作为目标，与全球商业共同体的新目标非常契合。

一、非市场战略

企业针对组织发展而确定的非市场战略是要获取、维护与修复组织的合法性，使企业发展能够获得充分的社会支持。依据企业和利益相关者之间影响和被影响两个不同的维度，企业的非市场战略可分为两种基本类型（蔡曙涛，2013：39—40、81—82）。

（一）企业应对利益相关者影响（如何满足利益相关者的利益诉求）的战略

1.前瞻性战略：主动预测并关注能够为企业提供关键资源或对企业有重要影响的利益相关者的全部利益诉求（以契约、法律或道德为依据），优先配置资源以主动满足其利益诉求。

2.服从战略：在利益相关者因其利益诉求未被满足而对企业形成明显社会压力的情形下，企业被动优先满足其全部利益诉求，以解除社会压力或防止社会压力扩散。

3.防御战略：在利益相关者因其利益诉求未被满足而有可能形成明显社会压力的情形下，企业仅满足基于法律或契约的最低限度利益诉求，或将其利益边缘化，以阻止社会压力的形成或缓解社会压力。

4.反抗战略：在利益相关者因其利益诉求未被满足但对企业不构成实质性威胁的情形下，特别是在其利益诉求缺乏法律或契约依据时，企业可能消极对抗或完全忽略利益相关者。或者，企业虽然承认其利益诉求的合法性或合理性，但拒绝满足。

（二）企业影响利益相关者（如何表达和实现企业利益诉求）的战略

1.利益联盟战略：发现、确认在不同领域、层次和特定战略目标中，企业与其他利益集团（包括利益集团、同业竞争者、产业链上的上下游合作伙伴以及其他利益相关者）因共同利益而结成共同利益联盟。在此基础上，发动、组织及协调集体行动，实现企业个体无法单独实现的共同利益目标，如获取关键资源或市场机会，或消除社会压力对企业的负面影响，或瓦解对抗性利益集团的集体行动所产生的威胁等。

2. 政治战略：在确认、整合企业共同利益的基础之上，将共同利益提升到公共利益与公共问题的层次，推动立法机关与行政机关对这些公共问题做出职权内的反应，实现参与公共决策过程、影响游戏规则的制订或修改的目标。

3. 诉讼战略：精心选择诉讼的案由、时机、地点与方式，理解司法机关追求社会公平与正义的价值观念及法律规则对司法判决结果的决定性影响，关注社会舆论对诉讼案由及诉讼进展的可能干扰，追求诉讼的战略效应而非单纯的诉讼胜负结果。

4. 媒体战略：关注大众传媒和自媒体在企业非市场环境与非市场问题演变过程中的特殊地位与作用，预测其对社会热点问题或公共问题的关注程度与报道方式，及时向其提供关键信息，借助大众传媒和自媒体的力量向社会表述自己的利益诉求与对利益相关者的期望。

5. 公关战略：关注与企业利益有关联的非政府组织和社会公众的性质、类型、利益偏好及发展趋势，确认其利益诉求与企业利益的相容性和冲突性，预测其利益诉求未满足或未充分满足时转化为社会舆论压力与道德关注的可能性及程度，通过与非政府组织和社会公众之间有效的信息传递与沟通，强化彼此之间的理解与合作。

二、公司外交

我们把跨国公司面向东道国非市场利益相关者与规则监督类及和

平公益类国际组织采取的所有行为（沟通、交流、交往、协商、谈判、合作等）统称为公司外交。运用公共外交六要素（目标、主体、对象、内容、方式、效果）通用框架于构建全球商业价值共同体的具体情境中，公司外交六要素的主要内容如下。

（一）目标：权益保护、形象提升与积极和平

公司外交的目标或预期效果是多重的。

第一，企业权益保护或风险规避是公司外交的根本目标。权益保护与风险规避是同一行为的两个方面，也就是说，权益保护必须要风险规避，风险规避可实现权益保护。企业跨国经营的主要风险有市场风险和非市场风险两大类。市场风险通过市场、经营、法律等方式来规避，非市场风险是来自非市场利益相关者的风险，需要通过企业与其之间的交流、沟通、谈判等方式来规避，这就是公司外交行为。

第二，提升国家形象是公共外交的主要目标（赵启正主编，2014：22）。这里的"国家"不仅是指企业创办和注册所在地的母国，而且应该包括企业对外投资的东道国（通常为两个或两个以上国家）。人们通常所讲的企业形象与国家形象的关系，主要是指企业与母国国家形象的关系。这种关系主要通过产品的"原产地效应"发挥作用。与其不同的是，提升东道国的国家形象需要企业的主动作为方可实现。在"一带一路"建设中，中国企业应积极主动地把东道国形象提升作为自身的责任，与相关机构合作，开展公司外交。

第三，积极和平是指消除或转化相关冲突，实现结构和平和文化和平。中国企业在共建"一带一路"过程中，其公司外交的目标还可以具体化为"民心相通"。可以认为，"民心相通"是积极和平的组成内容。"民心相通"目标的实现是以风险规避和形象提升为基础和

前提的，中国企业尤其要重视提升东道国形象的公司外交，并针对"民心相通"中的具体问题创新公司外交的方式。

（二）主体：跨国公司及其部门

在某个特定的跨国公司中，公司外交的行动者主要有：（1）最高领导人。与政府外交一样，企业最高领导人亲自参加的公司外交活动，其效果是最显著的，尤其是拥有"明星效应"的企业最高领导人。例如，阿里巴巴集团董事长马云与美国总统特朗普的会面，是具有全球影响效果的中国企业公司外交活动。（2）外事、公共关系、社会责任、企业文化等职能部门。企业外事部门的工作内容和方式就是公司外交。北京大学袁明教授对笔者说，"公共外交在中国可以理解为'大外事'"，企业及地方政府、高等院校等机构中的外事工作就是公共外交。企业公共关系中面向外国的部分即国际公共关系是公司外交的重要组成部分，主要以外国政府和媒体为交往对象。企业国际社会责任中的以非市场利益相关者为交往对象的部分也是公司外交的组成部分。企业文化必然涉及母国的国家民族文化，海外企业文化必然涉及东道国文化和母国文化，因此，企业文化也与公司外交高度相关。（3）从事国际商业经营活动的分公司、子公司、合资企业和战略联盟。这类机构在市场环境中与市场利益相关者交往，由于市场利益相关者中的某部分或某时段会成为非市场利益相关者，因此，这些机构也是公司外交的行动者。它们主要通过商业经营活动间接地发挥公司外交功能。

（三）对象：非市场利益相关者

作为公司外交对象的非市场利益相关者主要有国际组织、母国／东道国组织和第三国组织三大类型。与企业相关的政府间国际组织和非政府间国际组织、经济类政府间国际组织和以环境保护、人权、劳工保护为活动领域的非政府间国际组织是重要交往对象。母国／东道国组织包括政治组织（政府、政党、立法机构、司法机构等）、非政府组织、媒体机构和社区组织等，不同东道国中的不同组织的重要性亦有不同。第三国组织主要包括在东道国有较大影响力的非政府组织和媒体机构，这类组织主要来源于西方发达国家。

（四）内容：信息、感受和体验

公司外交的内容是指企业向对象传递的信息、感受和体验。它取决于公司外交的特定目标和对象群体，并以某种方式传递给对象，进而在对象群体中产生某种效果。

一般而言，这些内容主要有三种来源或载体：一是来源于企业自身，包括但不限于企业提供的产品和服务、企业员工及管理者（尤其是高层管理者和核心人物）的言行、对外传播的信息，以及媒体等机构对企业的报道和评价，企业为专项公司外交活动定制的内容等。二是来源于母国的国情及投资环境、对外战略与政策、文化及价值观等。三是来源于东道国的国情及投资环境、文化及价值观、对外战略与政策等。

结合共建"一带一路"，公司外交至少要增加以下几个方面的内容：（1）"一带一路"倡议的核心精神和原则、重点内容、历史背景和行动计划。（2）"一带一路"倡议的进展状况，尤其是政府间合作、企业国际合作、重大项目的内容和方式。（3）应对世界各国各类群体对"一带一路"倡议与行动的质疑、不解、误解和歪曲、攻击等。（4）"一带一路"建设的成功案例和失败教训等。

（五）方式：三类十三种

陈炜（2017：99—151）把中国跨国公司公共外交的活动模式（笔者认为，用"方式"一词更合适）归纳为三大类型：（1）面向国际的公共外交，主要方式包括参与国际公共事务管理、资助国际组织、加入全球行业协会、借力国际媒体。（2）面向东道国的公共外交，主要方式包括实现本土化经营、践行社会责任、参与对东道国的援助、组织文化交流、发声当地媒体、展开政府公关。（3）在国内开展的公共外交，主要方式包括邀请外国公司来访中国公司、举办国际会议展览、开展"请进来"培训。

针对共建"一带一路"，中国跨国公司除采取以上具体方式外，还可考虑增加以下方式：（1）参加"一带一路"相关的国际联盟。（2）发起成立并主导"一带一路"相关的国际联盟。

在实践中，具体方式的选择取决于公司外交的特定目标、对象群体的特性、内容的特点等。经验表明，目标、对象、内容和方式之间相互匹配的程度越高，公司外交的效果就越好。

（六）效果：多维视角评估

公司外交的效果是指公司外交活动在对象群体中产生的反应，以及这些反应与行为者预期目标的差距。对公司外交的效果，中国跨国公司应及时地采取多种维度的评估。主要评估维度包括：（1）正面／负面。当对象群体产生了行为者预期的反应时，公司外交的效果就是正面的。反之，就是负面的。（2）局部／整体。针对某项公司外交活动，其效果一般是局部的。行为者在某个时期内开展多个主题或连续多年开展同一主题的公司外交活动时，其效果就有整体性。（3）直接／间接。有的公司外交活动的效果是直接的，也有的公司外交活动的效果是间接的。（4）短期／长期。有的公司外交活动的效果只是短期的，也有的公司外交活动的效果会是长期的。

效果评估是一项专业性较强的工作，也是目前中国公司外交的薄弱环节。企业开展公司外交效果评估具有一定的优势，因为在企业经营中，存在多种多样的评估方法。企业可借用这些方法来进行公司外交效果的评估。除自身评估外，企业还可以聘请第三方专业机构对其公司外交活动的效果进行评估。

第四节　通过遵循和创制国际规则标准实现改善治理

虽然为了叙述的必要和方便，我们把全球商业共同体分为利益共同体、价值共同体和责任共同体，但是三者之间不仅关系密切，而且存在交叉或重叠的情形。例如，责任共同体不仅包括规则制定类国际组织，而且其规则的执行所涉范围就包括市场和非市场的利益相关者（见表 5）。

表 5　国际规则标准的遵循与创制

国际规则标准的遵循与创制	市场利益相关者	非市场利益相关者
遵循国际规则标准	合规管理……	企业社会责任……
创制国际规则标准	国际标准化……	eWTP……

企业社会责任和国际标准化的主要内容可参考第六章，eWTP（世界电子贸易平台）见第十二章。在此，我们仅介绍合规管理规则的遵循和跨国公司参与国际经济法创制的途径。

一、合规管理规则的遵循

2018 年 4 月至 7 月，中兴通讯与美国政府之间的冲突与和解事件，让不少国人首次了解到合规风险及管理问题。

事实上，国际标准化组织于 2014 年发布了 ISO 19600:2014《合规管理体系—指南》，该指南涵盖了以下内容：（1）了解合规管理体系的范围和背景。（2）预知关键定义。（3）考察组织领导阶层发挥的决定性作用。（4）了解合规义务的起源。（5）将合规用作控制风险的工具。（6）如何订立合规目标。（7）运用培训增强合规意识，并在员工中建立强大的合规文化。（8）如何制定有效的沟通交流制度并建立文档。（9）通过建立以管理为主导的控制标准，实现合规管理体系的组织所有权。（10）如何实现对合规框架有效性的最佳监控。（11）采取何种必要措施，保证合规计划的持续改进。

2017 年 12 月 29 日，GB/T 35770-2017《合规管理体系　指南》经国家质量监督检验检疫总局（现国家市场监督管理总局）、国家标准化管理委员会发布，于 2018 年 8 月 1 日起实施（中国标准化研究院网站，2018 年 1 月 3 日）。该标准采用了 ISO 19600:2014《合规管理体系—指南》，以良好治理、比例原则、透明和可持续性原则为基础，给出了合规管理体系的各项要素以及各类组织建立、实施、评价和改进合规管理体系的指导和建议。它的实施与应用，不仅能够帮助各类组织降低不合规发生的风险、强化社会责任、实现可持续发展，而且还对营造公平竞争的市场环境、推进法治国家建设具有重要作用。

合规是企业可持续发展的基石。近年来，国际社会和各国政府都致力于建立和维护开放、透明、公平的社会秩序，与此同时，中国正在全面推进依法治国，在这样的背景下，中国企业不论是在国内发展还是开展海外业务都离不开合规。2017 年 5 月，习近平主席主持召开中央全面深化改革领导小组第三十五次会议，审议通过《关于规范企业海外经营行为的若干意见》，提出规范企业海外经营行为，加强企业海外经营行为合规制度建设。在此背景下，企业越来越多地关注其所面临的合规风险以及如何实现合规。而 GB / T 35770-2017《合规管理体系　指南》的发布与实施，将为中国各类企业建立并运行合规管理体系，识别、分析和评价合规风险，进而改进合规管理流程，应对和管控合规风险提供指导和建议。

为了推动中央企业全面加强合规管理，加快提升依法合规经营管理水平，着力打造法治央企，保障企业持续健康发展，2018 年 11 月 9 日，国务院国资委发布《中央企业合规管理指引（试行）》，自发布之日起施行（国务院国有资产监督管理委员会网站，2018 年 11 月 9 日）。

2018 年 12 月 26 日，国家发展改革委、外交部、商务部、中国人民银行、国务院国资委、外汇局、全国工商联印发了《企业境外经营合规管理指引》（中华人民共和国中央人民政府网站，2018 年 12 月 31 日）。该指引在强调境外经营活动全流程、全方位合规的同时，重点针对对外贸易、境外投资、对外承包工程和境外日常经营四类主要活动，明确了具体的合规要求：（1）企业开展对外货物和服务贸易，应全面掌握关于贸易管制、质量安全与技术标准、知识产权保护等方面的具体要求，关注业务所涉国家（地区）开展的贸易救济调查，包括反倾销、反补贴、保障措施调查等。（2）企业开展境外投资，应全面掌握关于市场准入、贸易管制、国家安全审查、行业监管、外汇管理、反垄断、反洗钱、反恐怖融资等方面的具体要求。（3）企业开展对外承包工程，应全面掌握关于投标管理、合同管理、项目履约、劳工管理、环境保护、连带风险管理、债务管理、捐赠与赞助、反腐败、反贿赂等方面的具体要求。（4）企业开展境外日常经营，应全面掌握关于劳工权利保护、环境保护、数据和隐私保护、知识产权保护、反腐败、反贿赂、反垄断、反洗钱、反恐怖融资、贸易管制、财务税收等方面的具体要求。

二、跨国公司参与国际经济法创制的途径

国际经济法的创制是指国际经济交往的主体为其交往行为设定有约束力的规则的过程。一般而言，跨国公司参与和影响国际经济法创制的途径包括政府公关、与国际组织合作及"私人立法"（赵红梅，2014：40—47）。

（一）政府公关

政府公关通常有两种方式：（1）立法游说，包括内部游说和外部游说。内部游说是跨国公司公关部门或聘请专业游说专家，私下与议员或政府官员接触。具体活动有会见政策同情者、帮助策划立法策略、协助立法者构思法规草案、拜访持观望态度的立法者并尽量获得他们的支持、破坏立法者之间的相互立法交易等（格罗斯曼和赫尔普曼，2009：4）。外部游说主要采取的是"草根"策略，它并不直接与政府官员或议员接触，而是通过媒体或民众的声音间接影响立法过程和结果。（2）为政治候选人和政党提供政治捐款和资源。

（二）与国际组织合作

跨国公司考虑到国际组织在创制国际经济法中的重要作用，积极寻求在国际组织决策中的参与。而大型国际组织为实现决策的民主化和透明化，摆脱合法性危机，也在逐步开放非国家行为者的决策参与权。实践表明，较多的国际经济法是在跨国公司与国际组织合作中创制的。

（三）"私人立法"

"私人立法"主要表现在交易性国际经济法规范的形成过程中。例如，沃尔玛制定了全球统一的供货商守则，其供货商也遵守这个守则。

由于沃尔玛的供货商数量庞大，其供货商守则实际上成为全球供货商的规范。除了生产守则，跨国公司在行业标准和技术规范的制定过程中也发挥了重要的作用。绝大多数的技术性标准是由业内顶尖跨国公司制定或参与制定的。在互联网领域和金融业中，各类规范主要是由跨国公司制定的。

遵循国际规则标准是跨国公司的重要责任，跨国公司参与国际规则标准的创制也是一种责任。两者的共同目标是推动全球经济治理的改善，朝着公平、合理的方向前行，达到"良治"和"善治"，这是跨国公司与人类社会可持续发展的重要基础和主要内容。

第五节　合作是新战略的核心关键词

共同发展、积极和平和改善治理是全球商业共同体新战略的三大关键词。我们认为，合作是新战略的关键之关键，可称为新战略的核心关键词。新战略的主导逻辑就是基于利益相关者的合作逻辑。因为合作是实现共同发展、积极和平和改善治理的有效途径和方式，而其他途径和方式如果能够增加合作含量，就将大大提高其有效性（见表6）。

表6　全球商业共同体中的合作战略

全球商业共同体	主要内容	重点领域	发展方向	主要方式
利益共同体	战略联盟 合资企业	研发联盟 国际联盟	商业生态系统	扩大范围 共享价值
价值共同体	非市场战略 公司外交	非政府组织 大众传媒	共生网络	合作思维 合作关系
责任共同体	遵循规则 创制规则	国际标准组织	提升贡献率	经验分享 创新合作

在构建全球商业利益共同体过程中，跨国公司要在已拥有的以战略联盟、合资企业为主要形式的合作基础上，进一步扩大企业之间合作的范围、广度和深度，以研发联盟、国际联盟为重点领域，形成商业生态系统，再通过共享价值转化成为商业利益共同体。今天，我们都看到了哈佛大学迈克尔·波特教授的"竞争三部曲"——《竞争战略》《竞争优势》《国家竞争优势》的巨大影响力；试想，如果以后有"合作三部曲"——《合作战略》《合作优势》《国家合作优势》问世，那就是全球商业利益共同体的形成之日。

在构建全球商业价值共同体中，跨国公司与其非市场利益相关者之间已存在零星的合作关系和可以转向为合作的要素。跨国公司需要以合作的意识和思维统领一切的非市场行为，用公司外交的理论和方法来改进和完善非市场战略，以非政府组织和大众传媒为重点对象不断减少竞争含量，提升合作含量，形成多类型、多层次的共生网络。如果公司外交行为中的合作含量不断提高，跨国公司与其非市场利益相关者之间建立起不同类型的合作关系，例如企业与政府的合作关系、企业与大众传媒的合作关系、企业与非政府组织的合作关系、企业与社会民众的合作关系等，全球商业价值共同体就会逐渐形成。

在构建全球商业责任共同体过程中，跨国公司遵循国际规则标准需要与相关的国际组织合作，例如跨国公司在履行社会责任时，与国际组织合作的成效要大于企业单独完成的成效（具体参见王粤和黄浩明主编，2005）。创制国际规则标准更需要与相关国际组织的合作，因为这些相关的国际组织就是国际规则标准的制定者。特别是企业的国际标准化活动的成效就取决于企业与国际标准化组织及其他国际标准组织之间合作关系的建立、深化和巩固。中国少数优秀企业（如华为、海尔）已拥有丰富的实践经验，通过分享这些经验和创新合作方式，全球商业责任共同体有望从国际标准、到行业规范、再到国际经贸规则递进形成。

第六节　中国企业共建"一带一路"的战略

我们提出的全球商业共同体理论与战略，其主要使命之一就是推进中国企业更有效地共建"一带一路"。目前国内工商管理学界关于中国企业共建"一带一路"的战略研究甚少，但以下几位学者的观点仍然值得特别关注。

一、李平和杨政银（2017）："第二故乡"战略

"一带一路"倡议的成功，最重要的标志是"一带一路"国家相互间经济、社会及文化交流更加顺畅，发展更加繁荣，融合更加紧密。而实现这些长期目标的主要载体，就是参与"一带一路"建设的各国跨国公司。跨国公司，作为全球化社会最重要的基本经济单位，决定着全球化市场与经济的兴衰，因而作为区域经济新型合作平台的"一带一路"倡议，其成败的关键就在于区域内的跨国公司是否能够采取有效的战略措施。

"第二故乡"战略为中国企业提供了一个跨国经营与战略转型的有效管理模式，这一模式将有助于中国企业在"一带一路"倡议下实现自身的国际化战略转型，也是在"一带一路"格局下将中国企业"走出去"（企业国际化）与"走上去"（企业战略转型）融为一体的绝佳战略选择。

　　"第二故乡"，顾名思义，把公司诞生地之外的所有经营场所，均视为其出生故乡一般对待，不仅在情感上赋予所在国或地区浓厚的深情与眷恋，而且对其有着如同家乡一样的深刻了解与洞察。在具体的商业运作战略、举措和行为方式上，如同建设自己家乡一样对待，着眼长远，谨慎入手，杜绝短期行为。从当地具体情况出发，构建"最接地气"的独具当地特色的核心能力，为建设家园采取最为契合及有效的方式。通过两个"故乡"之间的互补互动，实现杠杆式的协同效应。

　　"第二故乡"战略旨在把企业国际化过程中的东道国，尤其是一大类东道国群体，当作第二个故乡来对待，用心经营，用情浇灌，使这个全球化的分支与总部一样。或者建立两个全球总部，互补互利，互为杠杆，长期合作，共生共荣。

　　新兴发展中国家与发达国家之间存在一个"全球落差"或"全球分割"（Global Divide），即发达国家与新兴发展中国家"两个世界"之间的巨大差距与不对称。由于这两个世界客观存在的落差，导致双方在资源禀赋（Resource Pool，包括有形资源与无形资源）与制度规则（Game Rule，包括正式与非正式制度）两大维度方面存在严重的不对称性。这两大维度方面的不对称性恰恰是"第二故乡"战略的必要起点。正是由于这样的不对称性，"第二故乡"才具有战略创业与战略转型的重要意义；也正是由于此不对称性，"第二故乡"战略有别于西方主流跨国经营模式。

　　两大"故乡"之间的巨大落差与不对称性既是独特挑战，又是独特机遇，而"第二故乡"战略恰好就是有效利用此落差与不对称性的巧创模式。

　　践行"第二故乡"的国际化转型战略，需要从理念和实操策略两方面入手。首先在理念上，要把当地的分支机构，无论是国际化的分公司、子公司或研究机构、办事处，均当作故乡来对待，长远打算，牢牢扎根；与当地人同呼吸、共命运，把自己当作当地的一分子，主动担负起将其建设得更加美好的义务与责任。其次在商业策略上，利义与礼法合一，传播本国优秀的文化观念，同时遵从当地的优良习俗，遵守当地法律规范，在谋求商业利益的同时，充分考虑当地的利益及长远发展的需要；设置高度本地化的分公司、子公司，根据当地实情配置相应完整的职能，充分利用当地的优势条件，挖掘当地发展潜力。

具体而言，"第二故乡"战略大体上含有五个实操策略方面的内容：

1. 市场营销本土化。主要涉及与原有第一故乡不同的本土市场营销管理，包括本土品牌定位（时常成为补充与延伸，以第一故乡品牌为第一品牌的第二故乡第二品牌，即本土品牌）、本土营销渠道方式与管理、本土广告设计与投放途径等。

2. 产品研发本土化。主要涉及与原有第一故乡不同的本土研发管理，包括本土产品研发（时常成为补充与延伸，以第一故乡研发为基础性研发的第二故乡应用性研发，但也可开展基础性研发与应用性研发相互融合的第二故乡新型研发）以及本土产品改进。

3. 生产运营本土化。主要涉及与原有第一故乡不同的本土生产运营管理，包括本土供应链或生态圈的组建与协调（时常成为转移，以第一故乡供应链或生态圈为核心的第二故乡供应链或生态圈，但也可开展供应链或生态圈全球化的第二故乡新型供应链或生态圈模式）。

4. 人力资源本土化。主要涉及与原有第一故乡不同的本土人力资源管理，包括本土人才选拔与提升（时常成为补充与延伸，第一故乡人力资源，既有管理人才，又有技术人才，但也可开展全球人才交流交换的第二故乡新型人力资源模式）。

5. 政府公关本土化。主要涉及与原有第一故乡不同的本土政府与公共关系管理，包括本土政府公关及大众媒体互动等（时常成为与第一故乡非常不同的公关模式，可能是第二故乡管理中最为困难的一环）。

以上五点的关键都在于拿捏本土化的度，尤其是两大"故乡"相生相克、阴阳平衡之点，既不能过分强调"第一故乡"，也不能过分强调"第二故乡"。

二、孙黎和朱蓉（2018）：天下战略

中国企业国际化已从 1.0 时代进入到 2.0 时代（见表 7）：

表 7　中国企业国际化进入 2.0 时代

	国际化 1.0 时代	国际化 2.0 时代
分界线	过去 30 年，中国制造的黄金时代	自 2012 年开始，GDP 增长连年低于 8%，L 型开始成为常态，迎接"中等收入陷阱"的挑战
国际贸易	加入世界贸易组织后的开放格局，中国对外贸易总额由 2002 年的世界第六位上升到 2012 年的第二位	"全球贸易保护主义"抬头，美国与各国重新贸易谈判，强调美国利益优先
人民币汇率	逐步升值	市场化波动，力图成为国际支付货币
社会环境	人口红利；城镇化带来大量机遇；环境保护让位给经济发展	人口开始老化；独生子女政策开始引发高龄人员的社会保障、医疗保险等问题；政府开始重视环境保护
经济结构	出口导向；投资带动，从轻工业起飞到重工业发展	消费导向，人均 GDP 由 2002 年的 1000 多美元提高到 2017 年的 8835 美元；九个省/自治区/直辖市的人均 GDP 超过 1 万美元

（续表）

	国际化 1.0 时代	国际化 2.0 时代
政商关系	地方政府通过减少税负、出让土地吸引投资； 政府投资带动房地产、建筑、钢铁和重机械等行业，国有企业主导经济； 企业依赖政府资源发展，贪污行贿丑闻不断	地方政府开始调整税负对应财政赤字； 财政开始注重民生（例如医疗保险、教育的投入），国有企业进一步改革
全球产业链	跨国企业往中国转移制造基地	以外包、制造为基础的跨国企业向东南亚转移（外商直接投资 FDI 在 2012 年首次出现负增长）； 但以服务为基础的跨国企业加速了在中国的布局与竞争
IT 基础架构	ERP／CRM 客户端-中央集中控制管理模式	客户端小型化 云计算 全球虚拟团队协作、并行开发 互联网＋
政府对策	经济特区政策 开发区政策 出口退税 "保8%"GDP 增长	德国提出的工业 4.0； 美国提出的先进制造业； 中国提出的"中国制造2025""大众创业，万众创新""互联网＋""一带一路"
企业对应战略		
海外投资	很少，跟随国际贸易的步伐，初步开始海外投资	开始注重海外投资，转移部分制造能力，并开始杠杆全球的各种资源（例如原材料、分包、设计、品牌）进行发展
国际联盟	在国内与跨国企业合资，"以市场换技术"	在海外与跨国企业合资，"以技术换市场"，向海外输出产品和技术
国际购并	本土企业被国际跨国企业购并，减少本土竞争	主动收购国际竞争对手，吸收对方的技术与市场
分子公司关系	权力集中总部，给予海外分公司很少的授权； 对新收购的发达国家子公司，采取"轻脚印"模式，完全授权当地团队管理	开始发展复杂矩阵式结构，进行绩效评估与财务监控，有些公司在当地建立子公司董事会，给予更大的授权；整合全球子公司的优势

（续表）

	国际化 1.0 时代	国际化 2.0 时代
竞争优势	利用低劳动力成本、低土地成本，赢得"中国制造"的"物廉价美"	原材料成本上涨，产能开始过剩，以设计、供应链管理、服务导向的"轻资产""快品牌""源创新""微创新""参与感"（用户参与产品设计）以及 IP 等开始流行
创新重点	注重产品模块零部件生产、组装，"山寨"盛行	注重新产品的开发、设计、销售与客户服务，整体提升在全球产业链的位置；建立"蓝军"推动创新
知识产权	专利、商标官司额较小，地区保护盛行	专利、商标申请在全球大幅增长，积极投身国际行业标准的制定（例如 5G），专利官司也大幅增长
企业社会责任	重视政府、客户关系，较少公司主动发布社会责任报告	开始重视全球员工的生产力、开始注重环境保护、"三重底线"，通过发布企业社会责任报告加强与利益相关者关系的透明度
全球合规管理	形式上"做样子"，躲过政府监管与国际非营利组织的监督就好	聘请专业人士担任首席合规官，自上而下建立合规体系，主动与政府监管部门与国际非营利组织合作

国际化 2.0 时代的中国企业宜采用"天下战略"。其主要内容包括：

（一）认识什么是真正的利益："利者，义之和"

图 3 和图 4 分别表示传统企业战略观和企业天下战略观。诺贝尔经济学奖得主米尔顿·弗里德曼 1970 年在《纽约时报》撰文称企业的唯一责任就是为股东赚取利润。正如图 3 所示，股东位于金字塔顶端，员工、管理层和董事会都为股东利益服务。

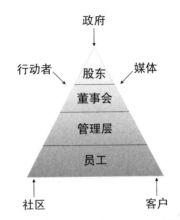

图 3　传统企业战略观：基于等级和权力

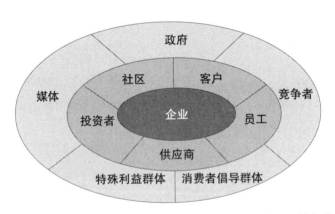

图 4　企业天下战略观：需要与各类利益相关者的损益相济

　　而图 4 的企业天下战略观则超越了股东利益，关注更广泛的利益相关者群体。中国企业的发展不仅是自身的发展，而且是与各类利益相关者共同发展，实现包容性的发展。这反映在华为任正非的国际化管理哲学里："我们担心美国、欧洲、日本的企业落后了，他们落后了，独剩我们，我们就被孤立了。所以我们攻进无人区后，要先建立规则，这个规则不要利己，要利他，这样才能和别人合作得更好。"

为什么企业与各利益相关者之间损益相济的天下战略要优于企业自身利益最大化呢？在《易经》看来，乾的四种美德就是元亨利贞。利者，万物各顺其本性，各成其能，各逞其用，从而实现天地人的天道圆满。为此，以企业利润最大化为唯一目标很难保证可持续发展。要解决世界性的可持续发展问题，就需要一个与世界范围相对应的尺度，这就是天下战略。中国跨国企业要从世界大格局看企业发展，在冲突与合作的二元对立中，发展与各利益相关者的合作，共荣俱损，促进天下公利，实现生生不息。

（二）认识天下的无外尺度

中国哲学家赵汀阳认为天下体系始于周朝，具有包容性和无外性。包容性是指天下体系包容千邦，保证天地的神圣秩序；无外性则意味着一种世界性尺度，意味着不存在任何歧视性或拒绝性原则来否定任何人参与天下公共事务的权力。以天下作为世界理念，由此可以推想一个作为万民公器的世界制度。企业的天下战略也可以从中受到启发，将各种弱小的利益相关者列入自己的天下视野。例如 C. K. 普拉哈拉德（C. K. Prahalad）就倡导跨国企业关注"金字塔底层"（Bottom of the Pyramid）市场，这个市场由全球数十亿每日收入不足 2 美元的穷人组成，服务这个市场虽然意味着削减产品或服务的附加值，但通过提供最基本的功能，刺激更大范围内的需求，企业也可以在这个被忽视的市场取得成功。同样，在天下无外思想指导下，穷人、妇女等原来无法接触金融服务的弱势群体也可以通过微型贷款的商业模式实现。通过小额信贷机构、借款者社区、女性借款人、政府、小额信贷管理者和员工等多个利益相关者共同创造，一个崭新的机会之门就此打开。

在天下战略的指导下，中国的跨国企业可以与各种非政府组织开展合作，去帮助东道国经济与社会的发展，这与非政府组织在公平、教育、环境保护等方面的诉求相一致。这样，当跨国企业面临外来者负担时，可以获得独特的政治资源和能力。此外，非政府组织的本地化知识和社会网络嵌入可以帮助中国企业对"金字塔底层"市场的开拓。例如中信泰富在澳大利亚的发展要处理各种劳工、社区、政府等复杂关系。通过与非政府组织合作，中国企业可以开展各种面向公众的研讨会、改善投资环境、创造当地工作机会，克服外来者负担。

（三）认识与遵守天下的无偏秩序

赵汀阳认为天下体系的普遍性在于它能够形成各国在利益上的互相依存和互惠关系，从而保证世界的普遍安全和永久和平秩序。但全球化过去几十年的发展，也造成富者越富、中产阶级收入没有增长的结果，表明很多全球化的制度存在缺陷。无偏的全球化规则与制度对未来天下福祉的建设非常重要。公平、公正的市场秩序是中国企业必须遵守与维护的。例如华为在国际化中就非常尊重国际知识产权制度。当华为和爱立信签订了一个知识产权互相交换的协议时，任正非说："签订以后我们公司高层欢呼雀跃，因为我们买了一张世界门票。我们一个普通员工写了个帖子，说'我们与世界握手，我们把世界握到了手中'。"正是这种对全球化制度的遵守与承诺，帮助企业履行社会责任，而且与经济责任、法律责任、伦理责任和慈善责任相契合，满足东道国环境保护、公民权利、社会福利等方面的制度要求。

天下战略是一种正念，可以在中美经贸大变局中处变不惊；是一种关怀，推崇人和自然的和谐共生；是一种精神，兼容各种文化，创造共同价值；是一种领导力，引导天地众生的生生不息。我们期待这一战略能经受中美贸易战与各种复杂制度的考验，从而帮助中国新崛起的跨国公司建立软实力，更好地拥抱全球化的未来，更好地在国际舞台上合作与共赢。

参考文献

〔美〕吉恩·M.格罗斯曼、〔以〕埃尔赫南·赫尔普曼《特殊利益政治学》，朱保华等译，上海财经大学出版社，2009 年。

〔美〕马尔科·扬西蒂、罗伊·莱维恩《共赢：商业生态系统对企业战略、创新和可持续性的影响》，王凤彬等译，商务印书馆，2006 年。

〔美〕彭维刚《全球企业战略》，孙卫、刘新梅等译，人民邮电出版社，2007 年。

《〈合规管理体系　指南〉国家标准正式发布》，中国标准化研究院网站，2018 年 1 月 3 日。

《多部门关于印发〈企业境外经营合规管理指引〉的通知》，中华人民共和国中央人民政府网站，2018 年 12 月 31 日。

《国资委印发〈中央企业合规管理指引（试行）〉》，国务院国有资产监督管理委员会网站，2018 年 11 月 9 日。

蔡曙涛《企业的非市场环境与非市场战略：企业组织竞争的视角》，北京大学出版社，2013 年。

陈炜《中国跨国公司公共外交》，广州出版社，2017 年。

柯银斌《通过战略联盟，建设"一带一路"》，《中欧商业评论》2018 年第 8 期。

李平、杨政银《"第二故乡"："一带一路"格局下的企业战略》，

《商业评论》2017 年 12 月号。

孙黎、朱蓉《天下战略：中美经贸大变局下企业的全球观》，《哈佛商业评论》（中文版）2018 年 12 月号。

王粤、黄浩明主编《跨国公司与公益事业》，社会科学文献出版社，2005 年。

赵红梅《跨国公司对国际经济法创制和实施的参与》，北京邮电大学出版社，2014 年。

赵启正主编《跨国经营公共外交十讲》，新世界出版社，2014 年。

第九章

新能力：
基于公司外交能力的软实力

环境—战略—能力之间的协调和匹配，是企业成功的"铁律"。企业经营的具体商业场景处在环境中，而环境在时间与空间两个维度上处在变化之中，其复杂程度、不确定性程度各不相同；企业战略在绝大多数情形下必须适应环境的变化，应对其变动性、复杂性和不确定性，只有少数卓越超群的企业能够通过战略重塑环境；不同层面、类型的企业战略方案需要相应的能力支持，企业需要依靠企业行动能力去完成战略任务、实现战略目标。企业现实拥有的能力与企业战略要求的能力之间一直存在着差距，如何缩小差距是企业战略管理和能力提升的永恒课题，也是企业高层管理者日程中的重要课题。

以构建全球商业共同体为目标的新战略，客观上要求战略主体拥有相应的新能力，即跨国公司与东道国非市场利益相关者和国际组织打交道并实现积极和平和改善治理目标的能力。与跨国公司在市场环境中与市场利益相关者打交道并实现共同发展目标的硬实力相比，这种新能力可称之为软实力（见表1）。

表 1　构建全球商业共同体的企业能力

企业能力	硬实力	软实力
环境特征	市场环境	非市场环境
战略特征	市场战略	非市场战略
基本能力	跨文化交流 / 沟通能力	
能力形态	价值链管理能力 全球化经营能力	单个问题处理能力 合作关系建设能力
关键能力	核心能力	公司外交能力
能力开发与获取	学习、聘请、合作、创新	

第一节　硬实力与软实力

企业硬实力是跨国公司在市场环境中实施市场战略、实现共同发展目标的能力的总称，它与品牌、产品、技术、标准、市场、用户、价值链、供应链及产业链等密切相关。

从逻辑上来看，硬实力可划分为三个层次：一是基本能力，即存在于所有硬实力形态中的能力，主要是指跨文化交流 / 沟通能力；二是专项能力或能力形态，即支撑实施某项战略的资源和能力，例如支撑业务竞争战略的价值链管理能力，支撑企业全球化战略的经营能力，等等；三是关键能力，即实施市场战略所需要的发挥核心作用的能力，通常是指企业核心能力。

在全球商业共同体新战略中，除硬实力外，跨国公司还需要软实力。在此，我们把软实力定义为：跨国公司在非市场环境和国际社会中实施非市场战略、实现积极和平和改善治理目标的能力的总称，它与形象、声誉、责任、道德、伦理、合法性、话语权等密切相关。

软实力至少有三个层次：一是基本能力，即存在于所有软实力形态中的能力，主要是指跨文化交流／沟通能力；二是专项能力或能力形态，即具体实施某项非市场战略所需要的资源和能力，例如针对某个非市场问题的应对和处理能力，针对某类非市场利益相关者或国际组织建立合作关系的能力；三是关键能力，即实施非市场战略所需要的发挥核心作用的能力，这个核心能力，我们认为就是公司外交能力。

我们首先介绍通用的基本能力——跨文化交流／沟通能力；再分别论述两种关键能力：核心能力与公司外交能力；最后针对能力开发与获取提出建议。

第二节　跨文化交流能力

跨文化交流能力也称为跨文化沟通能力，这是跨国公司在市场环境和非市场环境中通用的基本能力。它主要是指能够适当且有效地与异文化情境中的个体或群体进行交流的能力，适当性和有效性是其主要指标（陈雪飞，2010：284—298）。适当性主要针对交流过程，是指交流行为对语境来说是合适的。所谓"合适"，一般是指没有严重违反已经确定的或约定俗成的关系原则、规范和期望。有效性有两层含义：一是能够按照信息发送者的本意来理解和编码；二是能用对方理解的方式表达自己的意思。

为提升跨文化交流能力，我们需要了解并掌握其要素。根据 Ruben（1976）的观点，跨文化交流能力由下述七个要素组成：

1. 向对方表示尊敬并对其持积极态度，需要用语言和非语言行为向对方表示感兴趣，以确立有效交流的基础。

2. 采取描述性、非评价性和判断性的态度，尽量不要用自己文化的标准对对方的行为评头论足。

3. 最大限度了解对方的个性，首先要对对方的独特个性非常敏感，其次要考虑人际交往中的共性，最后考虑其文化上的独特性。

4. 移情的能力，尽量设身处地替他人着想。

5. 应付不同情景的灵活机动性，即能够在完成角色任务的同时，又能与对方达成一致，建立和谐的关系，还能充分展现自己的个性，不受控于人。

6. 轮流交谈的相互交往能力，能解读轮流交谈过程中话轮转换的提示，并积极合理地对对方的要求进行评估。

7. 能容忍新的和含糊不清的情景，并能从容不迫地对其做出反应。

具体到跨国公司的情境中，《跨越文化浪潮》（中国人民大学出版社，2007）一书基于调查和案例，并运用文化理论模型，提出了许多有启发性和指导性的具体方法和建议。限于篇幅，在此不做介绍。

第三节　核心能力理论及其应用

企业能力理论是企业战略的重要组成内容，其中最有影响力的是核心能力（或称核心竞争力）理论。1990 年，C. K. 普拉哈拉德（C. K. Prahalad）和加里·哈梅尔（Gary Hamel）合作在《哈佛商业评论》上发表了《公司核心能力》一文，1994 年，哈梅尔与普拉哈拉德又发表专著《竞争大未来》。

企业核心能力是指一个组织中的积累性学识，特别是关于协调不同的生产技能和有机结合多种技术的学识。其特性为：（1）核心能力的载体是企业整体，而不是企业的某个业务部门或某个行业市场。（2）核心能力是从企业过去的成长历程中积累而生成的，不是通过市场交易可获得的。（3）"协调"和"有机结合"是关键，而不是某种单独的技术和技能。（4）存在形态是结构性的、隐性的，而不是要素性的、显性的。

核心能力理论在中国工商界传播甚广，几乎每一家企业都声称自己拥有某种或多种核心能力，这是中国企业界人士误读和过度传播的结果，这种状况妨碍真正核心能力的形成。因此，我们还需要弄清楚核心能力：（1）不是资产或资源，不会出现在资产负债表上。（2）不是局限于某类产品或业务，而是渗透在多类产品或业务中。（3）不是固定不变的，不易为某个人或团队所完全掌握。

核心能力在企业成长中的主要作用表现在：（1）从企业战略看，核心能力是战略形成中层次最高、最持久的单元，因而是企业战略的中心主题，它决定了企业有效的活动领域。（2）从企业未来发展看，核心能力具有打开多种产品潜在市场、拓展新的行业领域的作用。（3）从企业竞争来看，核心能力是企业持久竞争优势的来源和基础，是企业独树一帜的能力。（4）从用户来看，核心能力有助于实现用户最为看重的核心利益，而不是一般性的、短期性的好处，见图1（康荣平和柯银斌，1999b：142—144）。

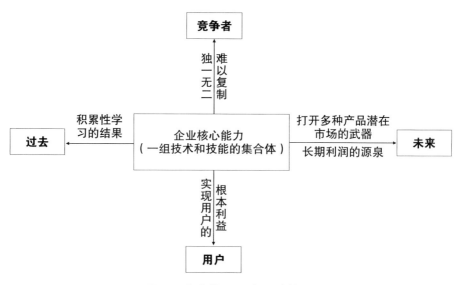

图 1 企业核心能力理论构架

为使中国企业在实践中较有效地运用核心能力理论，我们提出一个包含核心能力在内的企业战略能力矩阵（或模型），见图 2（康荣平和柯银斌，1999a）。这是一个九区的矩阵，在中国也称九宫图。其纵轴为市场范围，由小至大粗略划分为本地市场、全国市场（一般指中等及中等以上国家市场）、全球市场三个阶段；其横轴为时间范围，由短至长粗略划分为短期（1—3 年）、中期（主要指 5—8 年）、长期（≥10 年）三个阶段。纵轴的三阶段与横轴的三阶段交叉，就形成了九个区位的矩阵，再用 1、2、3 互乘标出其位置。

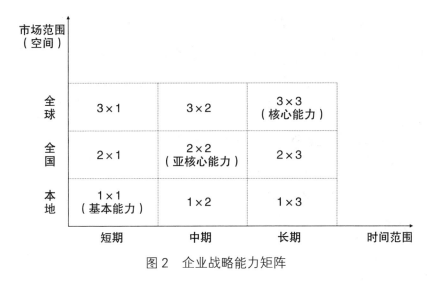

图2　企业战略能力矩阵

我们定义出三个基本区位如下：

1. 核心能力（Core Competence）。右上角位势最高的3×3区位为核心能力，表示处于该区位的企业在本行业全球市场中具有长期获利的优势能力。普拉哈拉德和哈梅尔两人提出的核心能力指标在该区都适用。

2. 亚核心能力（Sub-core Competence）。图中心的2×2区位为亚核心能力，表示处于该区位的企业在本行业的全国市场中具有中期获利的优势能力。可能形成亚核心能力的要素个数，要多于可能形成核心能力的要素个数。以机械电子行业为例，不止研究开发要素，营销要素也可能形成亚核心能力。显然，亚核心能力为中国等发展中国家的大企业和发达国家的许多中型企业所适用。

3. 基本能力（Basic Competence）。图中左下角的1×1区位为基本能力，表示处于该区位的企业在本行业的本地市场中具有短期获利的优势能力。这是最基本的战略能力，企业必须先掌握它才可能成长壮大。可能形成基本能力的要素个数，要远远多于亚核心能力的要素个数。显然，基本能力为全世界各地的中小企业所适用。

三个基本区位确定后，其余六个区位就很容易定义了。例如 1×2、1×3 区位就分别表示企业在本行业的本地市场上具有中期、长期获利的优势能力。1 打头的本地市场横列，为那些地方性行业（如风味食品制造、当地特殊资源加工、洗衣业、理发业等）企业提供了专门的分析阵地。

3×2 区位在时间范围指标上略低于核心能力区位，2×3 区位则在市场范围指标上低于核心能力区位一个档次。从便于分析的角度，我们把 3×2、2×3、2×2 三个区位都称为"亚核心能力"。

企业战略能力矩阵是企业用来做战略能力分析的简便工具。借助这个工具，企业可以用来：（1）分析自己的战略能力状况，以及竞争对手的状况，对自己的战略位置能有一个明确的把握。（2）分析本企业在战略能力方面中长期努力的目标。（3）分析企业成长的路径，这在当今经济全球化条件下的重要性日益增加。例如，假设以 3×3 区位为最终目标，路径可以有 $1 \times 1 \rightarrow 2 \times 2 \rightarrow 3 \times 3$，或 $1 \times 1 \rightarrow 1 \times 2 \rightarrow 2 \times 2 \rightarrow 2 \times 3 \rightarrow 3 \times 3$，或 $1 \times 1 \rightarrow 2 \times 1 \rightarrow 3 \times 1 \rightarrow 3 \times 2 \rightarrow 3 \times 3$，等等。不同的路径需要掌握不同的要素或能力，战略资源的投入方向也有所不同。

核心能力的形成过程就是企业的竞争优势产生并发挥作用的过程，企业同时还需要避免"能力僵化"，逐渐形成可持续的竞争优势。

第四节 公司外交能力

在中国知网中搜索以"公司外交能力"为篇名、关键词或主题的中文文献为零。我们只能引用少量的公共外交能力、国家外交能力研究文献来理解公司外交能力。只有一篇英文文章，与公司外交能力直接相关。

一、公共外交能力体系

公共外交能力体系可分为个人、机构和国家三个层次（具体参见周鑫宇，2018）。各层次的公共外交能力是不一样的，培养的路径也是不同的。公共外交能力应该从不同层次来分别认识和培养，构成一个立体的公共外交能力体系。

个人层面的公共外交能力，是指个人有效从事公共外交活动所需要的素质和能力。主要包括世界观、语言与话语能力、跨文化沟通能力。

机构层面的公共外交能力，是政府部门、社会组织、企业、智库、高校等具有专门功能和实践领域的机构有效参与公共外交活动所需要具备的整体能力。主要包括专业贡献能力、国际发展能力和国际传播能力。

国家层面的公共外交能力，是指国家有效实现公共外交效果的资源基础和禀赋特征等。主要包括外交政策协调能力、持续发展能力和文化吸引能力。

二、国家外交能力

自现代国家体系和现代外交产生以来，各国政府都把提升外交能力作为国家学（Statecraft）的重要内容摆到十分突出的战略位置（具体参见 Kleiner，2008；Thatcher，2002）。

赵可金（2011）认为：外交能力是一个国家完成外交任务的一系列主观心理条件，借助这些心理条件，国家利益和价值目标能够得以顺利完成。从这个意义上来说，外交能力是国家能力的一个维度。在国家大战略的框架内，一个国家外交能力的强弱取决于以下三个因素：目标设置能力、资源汲取能力、统筹协调能力。统筹外交是中国提升外交能力的必由之路。具体内容包括：（1）统筹内外，拓展世界战略眼光。（2）统筹各方，打造总体外交格局。（3）统筹官民，构建立体操作体系。

苏长和（2008）认为：外交能力是大国国家能力的重要组成部分，它指的是大国统筹国内国际大局，综合调动和动员中央与地方、部门与部门、国家与社会、政府与企业、物质权力与规范网络等资源，达到国内进步与国际体系稳定相互促进所必备的统合能力。至于国家外交与企业成长的关系：一方面，在国际关系中，无论是在和平时期还是战争时期，外交无非是为了争取和平并且对我有利的国际环境，外交在经济层面上，直接或间接的目的是为了扶助、支持企业更好地做好国际经营布局，以维护和扩大海外利益；另一方面，企业成长是国家能力和外交能力的重要物质内涵。我们在对外关系中要统筹好国家与市场的关系。第一，需要在国内创造有利于国有与民营企业成长的公平法律环境，在对外经济交往中，鼓励国有与民营企业的海外投资与经营，而不是厚此薄彼。很多时候，由于民营企业在公司治理结构上较少有政府背景，其在跨国经营或者资产收购中往往比国有企业具有更大的优势。第二，在创造公平的国际法律环境上，政府有责任严肃认真对待重大国际经济规则的"立改废"工作，为企业的国际竞争创造良好的外部环境。第三，激励企业在海外经营过程中恪守商业伦理与社会责任，树立良好的社会主义企业形象。

三、公司外交管理

跨国公司可以通过建立公司外交管理职能以及培养与利用有公司外交天赋的管理者，来提高企业的绩效（具体参见 Saner et al., 2000）。

跨国公司必须在其行业内取得成功，同时拥有管理国内和全球利益相关者的能力。然而，当跨国公司将重心放在"在合适的时机，以合适的价格，推出合适的产品和服务"的时候，可能无暇处理其他不可控的领域。

面对这些挑战，跨国公司所需要的公司外交能力，正是大多数管理者的职业和教育背景中所缺乏的。这种能力是指处理和海外社会的利益集团、由本国和海外利益集团组成的压力集团及国际冲突的关系的能力。这种能力将在企业的核心业务和复杂的政治环境之间构建一座桥梁。事实上，公司外交管理者的许多特质，与政治范畴上的外交官有可比性。

在全球化的背景下，跨国公司的驻外管理者们，需要调节管理行为以适应东道国的文化价值观。跨文化意识，帮助全球管理者避免犯一些由文化差异引发的错误。此外，全球化加速也促成了商业行为的多文化判定标准。仅仅了解跨国公司总部和一些海外子公司的商务和法律系统已经明显不足了。通过加入国际组织，进而参与、主导制定行业标准，成为跨国公司亟待考虑的问题。商业决策必须与国际准则相符——无论是美国公司、法国公司还是日本公司。

互联网的出现也改变了跨国公司与其利益相关方间的权利关系。无国界组织及社会要求跨国公司发布更多的信息、更透明的业务实践。同时它们也利用互联网从深层影响跨国公司的结构。

跨国公司的经营者未必了解如何与各个国家的利益相关者打交道，因此他们急需学习如何管理复杂的政治经济环境。

近十五年来，随着国际商务的发展、跨国公司在东道国的发展，跨国公司不能再与东道国政府保持距离。一些与当地政府协商的任务就落到公司外交职能上了。跨国公司必须清楚自身的需求，并在可能出现问题的时候，寻找合适的时机采取措施。公司外交能够通过国际关税和协定的熟练应用为企业创造新的机会。跨国公司需要积极地影响政府官员和国际组织，以此在全球获得新的商机。

公司外交管理涉及经济和社会的影响，以此创造新的商机；与国际政策制定组织的合作；解决与利益相关者的潜在冲突，化解潜在的政治危机；通过各种国际会议和传播媒体手段维护企业形象和声誉。

公司外交管理者应具备国际、国内、社区和企业层面的知识。

企业层面上，参与制定与利益相关者有关的企业战略。国际层面上，优秀的公司外交官精于游说、与东道国政府保持良好关系；能够以符合东道国习俗的外交礼仪处理各种事宜；能够在东道国建立关系网络以及处理争端。当处理与利益相关方关系时，公司外交官能与意见领袖对话。更重要的是，公司外交官通过对环境的观察，能发现潜在的冲突。

有外交意识的全球经营者就如跨国公司的信息传递者，为企业解决企业掌控之外的、涉及各利益相关方的、复杂的政治问题。他们需要具备以下知识、素质和能力：（1）管理国际商务的智慧。（2）丰富的职业发展历程和成熟度。（3）国际关系和外交知识。（4）跨文化思维模式。（5）掌控政治谈判和媒体的政治技巧。（6）多种角色、对差异的承受力。（7）精于使用分析工具。

商务外交管理者的能力培养可从教育和培训着手（见表2）：

表2　传统教育和公司外交管理的核心能力

商学院教育	外交学院教育	商务外交官的能力
普通管理	外交史	（1）运用外交工具。 （2）影响外交过程的能力。
战略管理	谈判签约	（1）对主要国际商务有关法律标准的认识。 （2）影响国际标准制定的能力（世界贸易组织、国际劳工组织、联合国环境规划署、世界知识产权组织、经济合作与发展组织）。
管理会计	国际法	（1）对国际法／仲裁的认识。 （2）对"利益相关方报告"影响的认识。
财务管理	国际经济	（1）对历史和非美国的经济理论和实践的理解。 （2）对国际金融机构影响力的理解（国际货币基金组织、世界银行等）。
人力资源管理	国际与超国家组织	（1）对超国家组织的结构和决策过程的认识。 （2）通过直接和间接手段影响超国家组织的能力。
市场营销	地区与国家问题	（1）认识地域和国家间经济、政治、文化互相作用的能力。 （2）促进商务外交的能力。
国际管理	国际关系理论与当代史	（1）对主要国家决策过程的认识。 （2）评估投资项目主要利益相关方政治风险的能力。
运营管理	代表团、大使馆、领事馆管理	（1）对国际危机管理机制的认识。 （2）由企业发起（政治）干涉的能力。
信息管理	与媒体的沟通	（1）公开演讲和媒体沟通。 （2）管理商务外交信息系统。
组织行为与变革	谈判技巧	（1）管理和影响国际谈判。 （2）掌握外交实践和外交利益。
定量法	外交行为与礼仪	（3）掌握分析工具。

最后，在公司层面开展公司外交管理，需要做好以下几个方面的工作：（1）专业的公司外交管理者。（2）主要子公司的公司外交联络处，直接向子公司或总部的最高管理层报告。（3）建立公司外交管理信息系统。（4）加强与战略规划职能的常规联系。（5）通过公司外交管理强化整体的组织能力。

第五节　能力的开发与获取

前文我们提到，企业现实拥有的能力与企业战略要求的能力之间一直存在着差距，如何缩小这个差距是企业战略管理和能力提升的永恒课题。能力的开发与获取就是缩小能力差距的两类途径与方式。开发是指企业自身的学习、实践、探索、创新等；获取是指企业聘请专业人士、与专业机构合作，以及收购其他有专长的企业等。

一、能力地图方法

市场环境中硬实力的开发与获得可借助王成（2018：134—136）提出的绘制能力地图的方法。

第一，弄清楚能力要素。就像人类基因是按遗传法则决定人类个体的体貌及性格特征一样，由能力要素构成的企业基因组掌控着企业的"遗传密码"，这些"遗传密码"决定了企业的产品服务是什么，以及未来战略增长的路径依赖。能力要素可分为物质、交易和知识三类，这三类要素对应于完全不同的竞争优势取向。物质和交易能力要素与成本领先战略吻合；知识能力要素由于有与生俱来的差异性，所以与差异化战略相一致。

第二，通过能力要素确定本企业拥有的重要能力之后，还需要对其内容进行更加详细的描绘，逐项回答以下问题：

1. 清晰定义：这是一种什么能力？它的内涵是什么、不是什么？以及这项能力为什么重要？

2. 这项能力是否能够提升企业的战略差异化和竞争优势？如果能够，将以什么传导逻辑来提升？

3. 这项能力的构建意味着企业必须发生什么改变？如何让这些改变发生？

4. 这项能力发挥功效需要什么？这会涉及哪些部门和流程？还需要投入什么财务和人力资源？是否需要为这项能力的打造调整组织结构？或者是否需要新设一个部门？

5. 该项能力的评价等级和具体的衡量指标是什么？我们需要采取什么具体的行动，经过多长时间的努力，把能力提升到什么等级，或者将某项运营绩效改善到什么程度，这些工作一定要可以量化。

6. 有没有外部的合作伙伴或并购整合对象，可以协助我们加速提升这项能力？

第三，在单项能力逐一分析之后，我们还需要分析该项能力与其他能力之间如何匹配、如何保持一致性，并能够相互强化。整体能力体系比任何单项能力都重要，各项能力之间的配称可以大幅降低成本或者增加差异性，并让竞争对手更难以模仿。

第四，我们需要通过一系列行动把这项能力构建出来，并把这项能力转化为员工的行为。其中，员工能力、员工动力和企业引力是至关重要的。

二、学习与实践

学习包括理论学习和案例借鉴。为提升公司外交能力，中国企业应把外交与国际关系学作为继经济学、工商管理学之后的第三波理论学习的主要内容（见表3）：

表3　中国企业理论学习的三波浪潮

主要任务	市场化	工业化	全球化
学习重点	经济学	工商管理学	外交与国际关系学
主要作用	寻找市场机会	提升内部能力	降低外部风险 参与全球治理
发生时间	20 世纪 80 年代至 90 年代中	20 世纪 90 年代中至 21 世纪第一个 10 年	21 世纪第二个 10 年

外交与国际关系学（尤其是外交学）是中国跨国公司提升公司外交能力的主要知识基础（与外交学院熊炜教授的访谈，2014 年 7 月 11 日于北京）。外交学虽然以政府外交为重点，但包含的一般外交理论和方法中，有些内容可直接用于公司外交事务中，大部分内容可以转化到公司情境中。与经济学、工商管理学的主要作用不同，外交与国际关系学的主要作用在于降低公司在全球化进程中的外部风险（尤其是非市场风险）和提升公司在全球经济治理中的话语权。

从全球范围来看，中国境内跨国公司（不含香港、澳门和台湾地区，下同）与印度跨国公司的兴起属于第三波。第一波是欧美发达国家的跨国公司，第二波是日本、韩国、中国香港与中国台湾的跨国公司。这些先行者们的成功经验和失败教训，更是中国境内跨国公司的重要学习内容。

实践是中国跨国公司自身的行动、对行动的总结以及在公司内部的传播。中国跨国公司虽然历史不长，但也拥有不少公司外交的实践，例如公共事务与公共关系、企业社会责任、标准国际化等。这些具体行动有成功也有失败，目前的主要任务是需要对其进行归纳总结，编制出实务性的守则和手册，并在公司内部作为知识管理的重要内容进行传播和转化，使公司外交事务的后来管理者不再"重复交学费"，更加有效地处理非市场问题，以及与各类非市场利益相关者和国际组织建立合作关系。

三、聘请与合作

聘请外部专家和专业机构帮助企业处理非市场问题是能力获取的一种市场交易方式。与企业聘请律师、审计师、投资银行等一样，企业通过与非市场问题专家或专业机构（例如保险公司或保险经纪公司、安保咨询与服务公司等）签订服务协议，支付货币购买专业服务，不仅可解决特定的非市场问题，而且还可帮助企业提升公司外交能力。

例如，三一集团曾聘请 10 多位中国退休外交官为顾问，由他们为三一集团开拓海外市场提供帮助。由于这些外交官曾在三一集团选定的目标市场国家常驻多年，他们拥有的该东道国的知识和政府人脉资源，可为企业开拓业务提供帮助。

中国跨国公司在东道国遇到的许多新问题，例如，可能导致企业财产和人员生命损失的安全问题，当地非政府组织提出的环境保护、劳工保护等非市场问题，都可以采取聘请专业机构的方式来解决。当企业意识到可使用这种方式后，选择哪家专业机构来提供服务就成为一项重要的决策。一般来说，第一，企业面临的问题与专业机构在这类问题处理上的经验和业绩必须匹配，即专业机构来做其专业的事情。例如环保问题需要聘请环保专业机构，安保问题需要聘请安保专业机构，等等。第二，企业再从具有专业资质和经历的机构中进行选择，这与选择其他类服务供应商的程序和方法大致相同。

合作是指企业与非市场利益相关者或国际组织共同投入资源完成某项特定的任务的行为。与聘请有所不同：（1）聘请是市场交易方式，合作不是交易，而是共同完成任务。（2）聘请方式主要解决可能给企业声誉造成负面影响的非市场问题，合作方式主要是以提升企业声誉和话语权为目标的。

如何与非政府组织（国际的、东道国的、中国的）合作，是中国跨国公司构建全球商业共同体中的新课题。第一，这类合作是必要的。由于非政府组织的参与，原来跨国公司与东道国政府之间的双方谈判变为跨国公司、东道国与非政府组织之间的三方谈判。第二，中国跨国公司普遍缺乏这类合作的意愿和能力。可喜的是，目前这种状况正在改变（与中国扶贫基金会国际发展部主任伍鹏先生的微信访谈，2018年11月7日）。最后，这类合作将使中国跨国公司受益。

例如，中国石油天然气集团公司与中国扶贫基金会等机构合作共建的苏丹阿布欧舍友谊医院，是中国企业与非政府组织合作的成功案例（邓国胜等，2013：29—37）。其成功的原因主要在于：（1）政府、企业、非政府组织多方合作的模式。（2）项目定位准确，并将中国非政府组织的成熟品牌引入非洲。（3）借力使力，充分体现了中国扶贫基金会整合资源的能力。（4）不仅注重项目的硬件设施建设，更重视项目的软件建设。

四、创新

可从企业外事部门的职责改革开始，把传统的企业外事工作转变为现代的公司外交工作，并把相关的公共事务或公共关系、企业社会责任等部门整合起来。再把这些部门工作人员培训成为"公司外交官"，要求有全球视野及公共外交意识和能力。依靠企业资源和能力，或聘请专业机构、与专业机构合作，有效处理各类非市场问题，并与非市场利益相关者和国际组织建立合作关系。最后，在与非市场利益相关者和国际组织的交往方式方面寻找创新。其中，借鉴先行者跨国公司的经验是这类创新的第一步。这个课题有待进一步深入探讨。

参考文献

Hamel, G. & Prahalad, C. K. *Competing for the Future*. Harvard Business School, 1994.

Kleiner, J. The inertia of diplomacy. *Diplomacy & Statecraft*, 19(2), 2008.

Prahalad, C. K. & Hamel, G. The core competence of the corporation. *Harvard Business Review*, 1990.

Ruben, B. D. Assessing communication competency for intercultural adaptation. *Group and Organization Studies*, 1(3), 1976.

Saner, R., Yiu, L. & Søndergaard, M. Business diplomacy management: A core competency for global companies. *Academy of Management Executive*, 14(1), 2000.

Thatcher, M. *Statecraft: Strategies for a Changing World*. Harper Collins, 2002.

〔荷〕冯·特姆彭纳斯、〔英〕查尔斯·汉普顿-特纳《跨越文化浪潮》，陈文言译，中国人民大学出版社，2007 年。

陈雪飞《跨文化交流论》，时事出版社，2010 年。

邓国胜等《中国民间组织国际化的战略与路径》，中国社会科学出版社，2013 年。

康荣平、柯银斌《核心能力论在中国的应用》，《科研管理》1999a 年第 5 期。

康荣平、柯银斌《企业多元化经营》，经济科学出版社，1999b 年。

苏长和《中国外交能力分析——以统筹国内国际两个大局为视角》，《外交评论》2008 年第 4 期。

王成《战略罗盘》（修订版），中信出版集团，2018 年。

赵可金《统筹外交——对提升中国外交能力的一项研究》，《国际政治研究》（季刊）2011 年第 3 期。

周鑫宇《浅论公共外交能力体系》，《公共外交季刊》2018 年第 2 期夏季号。

| 第四部分 |

行动案例

　　"一带一路"建设是伟大的事业，需要伟大的实践。本书提出的全球商业共同体是一个美好的蓝图。"美好的蓝图变成现实，需要扎扎实实的行动。"（习近平，2018：445）

　　行动是有目的的行为。对企业而言，行动是战略指导下的行为，或者说是实施战略的行为。与战略无关的行为大多是浪费资源或机会主义行为。我们描述的以构建全球商业共同体为目标的新战略，对中国企业共建"一带一路"提出了新的能力要求。这个新要求与目前的能力现状之间的差距需要中国企业采取扎扎实实的行动去缩小和消除。事实上，能力与行动是"一体两面"的：能力是行为体拥有的、开展某项行动的本领；行动是行为体开展的、需要某些能力支撑的行为。

　　具体到共建"一带一路"的五年实践中，中国企业开展了"走出去"和"引进来"等各类行动。在这些行动中，大多是"惯性推动"的。现在需要更多的"创新驱动"行动。

　　我们认为，为了构建全球商业共同体，更有效地推动"一带一路"建设和实践人类命运共同体理念，以下行动需要中国企业在战略高度上关注、重视和主动积极地开展：（1）通过战略联盟建设商业利益共同体，实现共同发展目标。（2）通过公司外交建设商业价值共同体，实现积极和平目标。（3）通过创制新规则标准建设商业责任共同体，实现改善治理目标。

限于资料，在本书第四部分，我们将介绍四类案例：

第十章介绍战略联盟，这不仅是市场环境中企业与企业之间的合作关系，而且还可以延伸到非市场环境中，建立企业与非政府组织之间的合作关系。

第十一章介绍境外经济贸易合作区，这是中国改革开放四十年的成功经验之一的海外延伸，也是中国民营企业共建"一带一路"的重点领域，更是中国企业构建全球商业共同体的起点或试验区。

第十二章介绍世界电子贸易平台（eWTP），这是阿里巴巴集团提出的制定全球电子商务规则的倡议，是中国企业在全球经济治理领域的重大努力，也是中国企业构建全球商业共同体的有效探索。

第十三章介绍甘肃自然能源研究所，其以强大的科技优势和科技外交能力争取联合国工业发展组织国际太阳能技术促进转让中心落户中国，并与国际组织建立广泛多样的合作关系，同时积极探索创设新的国际组织，其做法和经验值得中国企业学习和借鉴。

第十章

战略联盟

　　构建全球商业共同体的基础是构建商业利益共同体，因为价值共同体和责任共同体都是围绕利益共同体而形成的。构建全球商业共同体需要中国企业把战略联盟作为共建"一带一路"的主导方式，不仅在市场环境中大力推进企业之间的战略联盟，而且要把战略联盟扩展到与各类非政府组织以及非市场环境中，推动构建价值共同体和责任共同体。

第一节　战略联盟及其与"一带一路"倡议的契合

　　战略联盟是指两家或两家以上的企业通过股权和／或契约建立起来的合作关系，它不是企业之间的交易关系，也不是企业内部的管理关系。当各家企业分别属于不同的国家时，战略联盟就是国际战略联盟。本书中的战略联盟就是指国际战略联盟。

　　战略联盟作为企业战略的实施方式之一，与"一带一路"倡议具有高度的契合性：（1）战略联盟是不同国家的企业之间的一种合作关系，这正是"一带一路"倡议要求参与国家加强合作并创新国际合作模式在企业层面的具体方式。（2）战略联盟的各家企业先要就建立一个什么样的联盟、如何建立和管理这个联盟等问题达成协议，然后各家企业投入各类资源来建立和管理联盟，最后各家企业就联盟成果进行分配。这正是"共商、共建、共享"原则的具体贯彻。（3）成功的战略联盟一定会使各家企业实现预期的目标，分享联盟成果，获得进一步的发展。这正是"一带一路"倡议中的共同发展在企业层面的落实。

中国企业"走出去"只是共建"一带一路"的基础。因为，中国企业"走出去"通常是指中国企业的对外投资和跨国经营（广义的说法还包括对外贸易），这与中国企业共建"一带一路"（简称"共建"）存在以下多个方面的区别：（1）"共建"不但包括"走出去"，而且包括"引进来"。（2）"共建"不但是市场行为，而且涉及非市场行为，要实现"民心相通"或积极和平。（3）"共建"要更多地采取合作经营方式"走出去"。（4）"共建"还要创制新的国际规则标准，参与全球经济治理。

因此，我们认为，中国企业"走出去"并非共建"一带一路"的主要方式；中国企业与外国企业建立战略联盟才是共建"一带一路"的主导方式。主导是指主要和引导，这有两个层次的含义：一是指中国企业总体，与绿地投资、跨国并购相比，战略联盟应成为主要方式；二是指中国企业个体，应在其战略联盟中充当主要角色、发挥引导作用。只有通过战略联盟这种方式，中国企业共建"一带一路"才能实现"一带一路"倡议中的愿景和目标。如果中国企业沿袭"走出去"的惯性思路和做法，那么"一带一路"倡议中的愿景和目标就难以实现。

第二节　共建"一带一路"需要的战略联盟

战略联盟的形式很多，可根据不同的维度进行分类。结合"一带一路"主题，我们从两个维度加以划分：一是依据参与联盟的企业数量，分为"两家企业"和"多家企业"；二是依据合作关系的性质，分为"股权式"和"契约式"。由此，我们把战略联盟分为四种类型：（1）股权式/两家企业，这就是通常的中外合资企业，它包括在中国的和在外国的两种形式。（2）股权式/多家企业，这也是中外合资企业，它包括在中国的和在其他两国的三种形式。（3）契约式/两家企业。（4）契约式/多家企业。

在上述四类战略联盟中，针对共建"一带一路"的需要，中国企业该主要选择哪些形式的战略联盟呢？据笔者的初步观察和分析，以下几种形式的战略联盟应列入中国企业的战略选项中（见表1）：

表1 "一带一路"需要的战略联盟

战略联盟形式	两家企业	多家企业
股权式	"双胞胎"企业/交叉持股	LCD 合资企业
契约式	第三方市场合作	LCD 战略联盟

"双胞胎"企业是中外合资企业的一种特殊类型。它具有以下特征：（1）中外投资者是两个相同的企业或其全资子公司。（2）中外投资者同时成立两家合资企业，分别在中国和外国投资者所在国。（3）中外出资比例相同或对称，即中国企业在中国的合资企业中所占投资比例与外国企业在外国的合资企业中所占比例相同。（4）两家合资企业的核心业务相同，经营范围可能会有所差异。

交叉持股是股权式战略联盟的一种形式。它具有以下特征：（1）中国企业或全资子公司向外国企业或全资子公司投资，持有后者的少数股权。（2）外国企业或全资子公司向中国企业或全资子公司投资，持有后者的少数股权。（3）上述两项投资行为大多是同时进行的。（4）中国企业与外国企业互派人员加入对方董事会。

第三方市场合作是指中国企业与发达国家企业之间建立契约式战略联盟，该联盟在第三方市场（通常是某个或多个发展中国家，当然也可以是发达国家）开展多类经营业务。

LCD合资企业／战略联盟就是指欠发达国家企业、中国企业和发达国家企业共同建立的合资企业／战略联盟。

第三节 "双胞胎"企业："走出去"与"引进来"相结合

三一重工股份有限公司（简称"三一重工"）与奥地利帕尔菲格集团（简称"帕尔菲格"）为我们提供了一个难得的案例。

三一重工由三一集团投资创建于1994年，目前是全球装备制造业领先企业之一。三一重工的主要产品包括混凝土机械、挖掘机械、起重机械、桩工机械、筑路机械、建筑装配式预制结构构件，其中泵车、拖泵、挖掘机、履带起重机、旋挖钻机、路面成套设备等主导产品已成为中国第一品牌，混凝土输送泵车、混凝土输送泵和全液压压路机市场占有率居国内首位，泵车产量居世界首位。

帕尔菲格成立于1932年，位于奥地利萨尔茨堡，拥有0.9吨米到116吨米共150余款随车起重机产品，在全球11个国家共拥有15家工厂，在超过180个国家和地区共拥有超过1500个销售和服务网点，年产能达3万台。核心产品折叠式随车起重机在全球市场占有率超过

30%，是世界领先的液压起重、装载、搬运设备制造商，是液压折臂起重机技术的领导者。

2012年2月28日，三一重工下属全资子公司三一汽车起重机械有限公司（简称"三一重汽"）与帕尔菲格子公司帕尔菲格亚太签订合资协议，分别在中国成立"三一帕尔菲格特种车辆装备有限公司"（简称"三一帕尔菲格"）、在奥地利成立"帕尔菲格三一汽车起重机国际销售公司"（简称"帕尔菲格三一"）。双方共同出资，各持有50%的股份。三一帕尔菲格注册资本为3亿元人民币，总部设在中国长沙，针对中国和全球市场，研发、生产和销售随车起重机等特种车辆装备；帕尔菲格三一总部设在奥地利萨尔茨堡，在欧洲、独联体国家及美洲分销三一轮式起重机（见图1）。

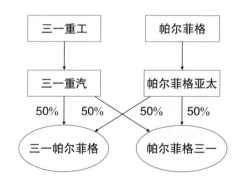

图1 三一重工与帕尔菲格的"双胞胎"企业

"双胞胎"企业的优势高于一般的合资企业。一般的合资企业通常是两个投资者在某个国家建立一家企业，或在中国或在外方所在国；其主导权往往由出资比例最大的投资者掌握，该投资者难免以自身利益最大化来管控合资企业；拥有产品和技术优势的投资者希望合资企业扩大其市场份额，另一方主要希望获得先进技术和管理经验，机会主义行为在所难免，同企不同心现象普遍存在。由于合作更加全面和深入，"双胞胎"企业不仅可巩固和扩大一般的合资企业的优势，而且能够避免其劣势。

"双胞胎"企业是"走出去"和"引进来"的有机结合。在中国的中外合资企业是"引进来"方式之一，中国企业到外国建立合资企业也是"走出去"方式之一。通常，这两者是分离的，比如某家中国企业一方面引进某家发达国家企业在中国成立合资企业，另一方面走到某发展中国家，与该国企业建立合资企业，两个外国合作伙伴是不同的。由于合作伙伴是同一家企业，"双胞胎"企业能够把"走出去"和"引进来"有机地结合起来，而这正是"一带一路"所要求的。

第四节　交叉持股：你中有我，我中有你

2013 年 9 月 30 日，三一重工与帕尔菲格就进一步拓展双方战略合作伙伴关系签署一份合作备忘录。2013 年 12 月 10 日，三一重工与帕尔菲格及其股东 Hubert Palfinger 一世等相关方签订正式框架协议，主要内容如下：三一重工将通过一家直接或间接全资子公司认购帕尔菲格发行的 5% 新股 1 863 258 股，另外直接向 Hubert Palfinger 一世等购买其合计持有帕尔菲格 5% 的现有股份 1 863 258 股，累计 3 726 516 股，每股价格为 29 欧元，共计 1.08 亿欧元。交易完成后，三一重工通过直接或间接全资子公司将持有帕尔菲格 10% 的股份。帕尔菲格将通过其全资子公司帕尔菲格 SLS 出资 109 977 562 欧元增资三一重汽。交易完成后，帕尔菲格将间接持有三一重汽 10% 的股权（见图 2）。

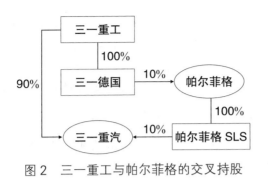

图2　三一重工与帕尔菲格的交叉持股

与单向持股相比，交叉持股具有以下优势：（1）合作双方的地位更为平等，在平等基础上，双方的"共商"将会更加公平和富有效率。（2）具体体现了"你中有我，我中有你"，进而使双方更有效地形成利益共同体。（3）通常与合资企业、价值链环节的战略联盟（联合研发、合作制造、联合营销等）结合在一起，并互派董事，进而有利于各种形式的战略联盟的发展。

第五节　第三方市场合作：优势结合，共同发展

第三方市场合作主要是指中国企业与有关发达国家企业一起开发作为第三方的发展中国家市场。这不仅是战略联盟的创新方式，而且是共建"一带一路"最合适的国际合作方式，尽管在实践中存在较大的难度。因此，中国政府积极倡导这种战略联盟方式，并且与法国、加拿大、韩国、澳大利亚、日本等国政府签署了相关合作协议。

与中国企业或发达国家企业单方开发第三方市场相比，这种方式的主要优势在于：（1）结合中国企业与发达国家企业的优势。以制造业为例，中国企业在产品制造及适应性改进方面拥有优势，发达国家

企业在标准制定、核心技术和零部件方面拥有优势。（2）弥补中国企业进入某些国家市场的劣势。中国企业对许多发展中国家（当然包括"一带一路"国家）并不了解或了解不足，往往会陷入各类非市场风险中。如果合作伙伴所在的发达国家曾是第三方市场国家的"宗主国"，那么发达国家企业与第三方市场国家的历史文化积累和交往经验，将有助于弥补中国企业的劣势。（3）这种基于优势互补的合作，将促进合作多方的共同发展。

通过网络搜索可知，中国企业采取第三方市场合作的方式共建"一带一路"的新闻报道颇多，中央企业是其中的主导力量，但正在探讨合作的企业占多数，已经采取行动的企业并不多。中国港湾工程有限责任公司（简称"中国港湾"）与法国企业合作在喀麦隆运营集装箱泊位是其中一例。

2015年9月26日，喀麦隆总理菲勒蒙·扬签署了关于克里比深水港集装箱泊位运营商中标结果的总理府公告，正式将克里比深水港集装箱泊位的特许经营权授予中国港湾、法国博洛雷集团、法国达飞海运集团联合运营体和喀麦隆当地企业。2018年3月2日，喀麦隆克里比深水港集装箱泊位开港运营。

中国港湾是中国交通建设集团有限公司（简称"中国交建"）的全资子公司，业务主要集中在交通基础设施建设领域，涵盖100多个国家和地区，采取设计总承包、工程建造总承包、BT（建设—移交）、BOT（建设—经营—移交）、EPC（设计—采购—施工）、PMC（项目管理承包）等多种方式。克里比深水港集装箱泊位项目由中国港湾通过EPC模式建设，2011年6月开工，2014年6月竣工，合同额约为4.98亿美元。

在泊位建设过程中，中国港湾为贯彻落实中国交建的"五商中交"

战略，早就在为泊位运营做准备。2014 年 1 月 28 日，中国港湾与喀麦隆政府在签署了克里比深水港二期 EPC 总承包商务合同的同时，还签署了中国港湾参与项目部分投资及运营的合作框架协议。这为中国港湾进入运营业务奠定了坚实基础。此后，喀麦隆政府在克里比深水港二期项目的国际招标文件中明确了一项条款："任何运营商获得喀麦隆政府授标，都必须与中国港湾建成联营体，共同运营。"

但是，中国港湾缺乏港口运营的经验，无能力单独从事运营业务，必须寻找、选择合适的合作伙伴。最后，中国港湾选择法国博洛雷集团和法国达飞海运集团为合作伙伴。这是因为：（1）这两家法国公司在非洲已经经营了很长时间，有丰富的管理经验，尤其是和当地人打交道的经验，值得中国港湾学习。（2）这两家企业都是港口运营价值链中的世界级公司，法国达飞海运集团是世界排位第三的集装箱全球承运公司。法国博洛雷集团是全球最大的物流公司，在 46 个非洲国家共设有 250 家办事处，拥有 280 座仓库，是业界在非洲拥有最庞大的综合性物流网络的公司。（3）喀麦隆政府也希望中国港湾与法国博洛雷集团合作。最终，中国港湾与法国博洛雷集团和法国达飞海运集团组成的联合体中标克里比深水港集装箱泊位 25 年特许经营权。

据初步观察，中国企业与外国企业合作开发第三方市场的战略行动具有以下共性：（1）外国企业大多数是全球领先的欧美跨国公司，多年来，它们一直是中国企业的学习标杆。今后，在共建"一带一路"中，中国企业与它们建立起合作伙伴关系。（2）今天的合作关系是历史上双方交流与合作的延续。在"一带一路"倡议提出之前，中国企业早已与今天的合作伙伴有过交流、学习和合作关系。不同的是，之前的目标市场主要在中国，今天的目标市场主要在第三国。

第六节　LCD 模式："几内亚赢联盟"

如果三方合资企业／联合体注册经营地为"一带一路"上的发展中国家，我们就认为，这类企业正是共建"一带一路"的理想行为体（LCD模式）。

"几内亚赢联盟"是由新加坡韦立国际集团、中国山东魏桥创业集团旗下的中国宏桥集团、中国烟台港集团、几内亚 UMS（United Mining Supply，法国在几内亚投资企业）四家企业组成的联合体。其本身不是一个经济实体，是企业间的一个联盟组织，于 2014 年在几内亚博凯矿区成立。

四家成员企业拥有各自不同的优势。新加坡韦立国际集团是一家总部设在新加坡，专注于提供海运、物流方案和服务，为中国有色金属等行业提供专业化服务的海运企业。中国宏桥集团是魏桥创业集团的关联企业，是中国最大的民营铝电集团，坐落于中国山东滨州。宏桥集团是集热电、氧化铝、液态铝合金、铝合金锭、铝合金铸轧产品、铝母线、高精度铝板带箔、新材料于一体的铝全产业链企业。中国烟台港集团拥有中国主要大型港口、铝土矿接卸港口，位于渤海湾，山东半岛北岸，地理位置优越，接近主要氧化铝生产企业。几内亚 UMS 的创始人和总裁瓦兹尼（Fadi Wazni）是几内亚知名的企业家，2016 年10 月底曾作为随行企业家代表团成员陪同几内亚总统孔戴访华。

这四家企业是铝产业链上重要环节的关键企业。几内亚 UMS 是铝土矿开采企业，新加坡韦立国际集团是铝土矿石专业运输企业，烟台港集团是铝土矿专业码头运营企业，宏桥集团是中国最大的铝土矿用户企业。几内亚 UMS 虽为几内亚企业，但其股东来自法国。新加坡韦立国际集团来自新加坡，与中国有色金属企业有多年的合作关系。宏桥集团与烟台港集团同为中国企业，前者为民营企业，后者为国有企业。因此，这四家企业组成"几内亚赢联盟"，堪称完美的组合。

为开展经营活动，"几内亚赢联盟"联合体按照几内亚的法律程序，遵照企业法和矿业法，在几内亚注册成立了两家几内亚法人企业，分别为赢联盟博凯矿业公司（Société Minières de Boké, SMB）和赢联盟非洲港口公司（Winning Africa Port，WAP），它们分别承担起矿山开采建设、港口建设运营以及社区建设管理工作。尽管每家企业的股东信息没有公开，但其股东至少为联合体中的三家企业。

"几内亚赢联盟"的潜在优势在其合作经营中得以充分发挥。2015年7月20日，经过100天的建设，卡徒古玛港口投产运营，"几内亚赢联盟"举行了盛大的几内亚铝土矿首装船仪式。2015年9月25日，"韦立信心轮"载运首船18万吨几内亚铝土矿离开博凯港，于11月14日抵达烟台港。2015年和2016年，"几内亚赢联盟"的几内亚铝土矿装运量分别在100万吨和1100万吨左右。2017年达到3200万吨，2018年供应4000万吨，并开始向市场销售500万—800万吨铝土矿。

"几内亚赢联盟"经过短短三年的经营，就有效地实现了多方共同发展。它对几内亚社会经济发展的贡献主要表现在以下多个方面：

1. 示范带动作用。"几内亚赢联盟"是在埃博拉疫情肆虐的2014年进入几内亚的，并在2015年开始建设。彼时，多数外资企业撤离几内亚，外部投资望而却步。"几内亚赢联盟"的进入，给几内亚国家和人民带来了希望，起到了无可比拟的"领头羊"作用。

2. "几内亚赢联盟"矿业、港口及物流项目的成功运营，给几内亚创造了税收来源，依法缴纳矿业资源税，每年上缴巨额美元税费。

3. "几内亚赢联盟"矿业项目带动国家 GDP 的增长。根据国际货币基金组织的估计，它对几内亚 GDP 的贡献率达 5%。

4. "几内亚赢联盟"项目带动直接和间接就业 1 万人。根据几内亚政府部门的评估，一个在"几内亚赢联盟"就业的几内亚人，可以支撑起 10—15 个几内亚人的生计，因此，"几内亚赢联盟"项目为 10 万—15 万几内亚人提供了生活保障，是几内亚最大的劳动就业项目之一。

5. "几内亚赢联盟"创造的稳定的美元税收，改善了几内亚的外汇收支状况，拉升了几内亚货币几郎的币值，增强了国际组织对几内亚经济和外汇收入的信心。

6. "几内亚赢联盟"的成功，吸引和带动更多企业和投资者进入几内亚，从事矿业、基础设施建设、农业等领域，为几内亚经济发展注入了动力。

"几内亚赢联盟"项目对中国有色金属行业的发展也具有重大的意义。这主要表现在：

1. 开辟了新的铝土矿资源供应，实现了铝土矿资源供应的多样化，摆脱了对少数资源富有国家的过度依赖，具有战略性意义。

2. 搭建起双向物流通道，为中国企业进入几内亚提供便利的物流运输服务。"几内亚赢联盟"已经在为中国水利水电建设集团公司、澳信国际、中国河南国际合作集团有限公司等中资企业的大型项目提供物流服务，为在几内亚经商的中国人提供一般商品海运物流服务。

3. "几内亚赢联盟"是一个三国四方的合作项目，它的成功也为不同国家、不同所有制、不同行业的企业，不同国籍的人士在经济不发达国家的合作，探索出一种新的模式。而这种国际合作模式正是"一带一路"倡议所需要的。

值得关注的是，据 2017 年 6 月 14 日报道，法国 AMR 矿业公司 14 日与"几内亚赢联盟"达成合作协议，联手合作开发几内亚的铝土矿。还有，"几内亚赢联盟"将借鉴中国、新加坡成功的经济特区、工业园模式，在几内亚建设博凯经济特区，利用几内亚的区位和关税优势，开展加工生产，行销发达国家，带动几内亚的工业化发展和经济增长。另据法国杂志《青年非洲》2017 年 12 月 4 日报道，"几内亚赢联盟"计划在几内亚博凯矿区投资建设一座氧化铝厂、配套的火电厂，并建设一条铁路。三个项目计划投资总额约 30 亿美元。我们期望，这种国际合作模式更加完善和有效。

第七节 战略联盟的扩展

前文案例是中国企业与外国企业之间在市场环境中建立的战略联盟。为实施全球商业共同体新战略，中国企业应该借鉴市场环境中与市场利益相关者建立战略联盟的资源和能力，将其进行扩展。扩展方向有二：一是把企业之间的联盟扩展到企业与非市场利益相关者之间（以非政府组织为主）；二是把市场环境中的战略联盟扩展到非市场环境中（见表 2）。

表 2 战略联盟的扩展

战略联盟的扩展	市场环境	非市场环境
企业与企业之间	传统战略联盟	标准国际化
企业与非政府组织之间	混合价值链	公益事业

下面，我们介绍混合价值链和公益事业方面的案例。

一、混合价值链：玛氏公司在肯尼亚

100 多年前，年轻的 Frank C. Mars 在华盛顿塔科马的自家厨房里制作出第一批玛氏糖果，玛氏作为糖果企业的渊源发端于此。在这之后，他的儿子 Forrest Mars Sr. 将玛氏逐渐发展壮大，成就了现在的玛氏。Forrest 先是和父亲共同开发出了 MILKY WAY® 巧克力棒，之后将企业业务拓展到海外并积极推动多元化发展，创建了许多新的业务类别，如玛氏宠物护理等。时至今日，玛氏大家庭已遍布全球 80 多个国家和地区，员工人数达到 8.5 万人。

玛氏是最早进入中国的外资食品企业之一。早在 20 世纪 30 年代，"箭牌"口香糖就进入了中国市场。1993 年，玛氏的巧克力和宠物护理品牌陆续进入中国。玛氏在中国的注册资本高达 2.27 亿万美元，在过去 20 年向中国政府共纳税超过 20 亿美元。目前，玛氏在中国有口香糖、巧克力、糖果、宠物护理、饮品的业务，共拥有 7 家工厂、3 个研发中心、47 个分支公司。

玛氏设有一家名为"催化剂"的企业智库。该智库基于玛氏自身的管理实践，提出了"互惠经济学"理论。在《互惠资本主义：从治愈商业到治愈世界》（中信出版集团，2018：103—119）一书中，两位作者（"催化剂"智库研究人员）为我们介绍了互惠经济的主要内容和玛氏公司的实践。玛氏在肯尼亚的马乌阿项目（Maua）是其中的一个案例。

该项目的商业目标是在肯尼亚特定的城市贫民窟和农村地区开发新的营利性质的"最后一公里"深度分销路线，那是玛氏口香糖业务无法通过传统分销路线抵达的市场。这是一个"金字塔底层"市场，是大多数跨国公司未曾进入的市场（只有极少数公司成功进入并获得令人满意的回报）。实际上，共建"一带一路"中的许多市场是这种"金字塔底层"市场。这也是本书介绍这个案例的主要理由。

该项目从一开始就旨在以一种协同方式为所有相关方创造经济机遇和社会效益，着重解决贫困问题和抵达"金字塔底层"市场。实践证明，当一个更为互惠的方法（强调他人的利益或"手段"）而非传统的利润最大化目的被置于模式的最重要位置时，就会在所有相关方中产生显著的互惠效果。

玛氏的口香糖分部"箭牌"是马乌阿项目的企业赞助商和主办方。该项目团队有两类主要行动者：一是称为"起升者"的微型分销商，他们用家用自行车搬运货物，从库存地点搬运到小型销售商；二是将产品交付给小型零售店以及直接向顾客销售产品的"街头小贩"。

为实现项目的目标，玛氏开展了一项名为"混合价值链"或"混合价值体系"的新管理实践（具体参见 Drayton & Budinich，2010）。混合价值链方法的基础是与一系列非传统的公民部门组织（即非政府组织）发展伙伴关系，通过这类非政府组织在贫困群体中营造的"信任"，使诸如招募与培训等活动成为可能，通过这些活动来提供社会资本和人力资本，而这是通常的跨国公司力不能及的。

混合价值体系是一个有赖于连接多个利益相关方核心资产的生态系统。依我们看来，这类生态系统就是商业共同体的雏形。在这个生态系统中，"箭牌"贡献的核心商业资产包括品牌知名度、企业声誉、运营能力、基础设施和后勤管理等；非政府组织合作伙伴的核心社会资产包括其对非正式社交网络的了解和获取途径、调动社交网络的能力、提供技术和培训支持的能力，以及提供小额贷款与诸如手机银行等高效电子支付方式的能力。例如，马乌阿项目一个非常重要的伙伴关系是与非政府组织——科技服务（官方网站：www.technoserve.org）的合作，科技服务是一个为解决发展中国家的贫困问题而制订商业解决方案的国际非政府组织，其总部设在美国华盛顿。在肯尼亚，该组织的宗旨在于帮助妇女，特别是帮助失业的单身母亲摆脱贫困。其他合作伙伴还包括小额信贷机构 TSPi 公司、非政府组织青年生活计划（Life Project 4 Youth）、社会企业家网络爱创家和斯科尔社会创业中心，以及当地的宗教组织等。

企业管理者需要花时间来克服这种非常规方式所带来的诸多挑战。例如，非政府组织和小额信贷机构不受利润驱使，但它们往往比商人拥有更利他的目标，并且它们必须通过可以实现这些目标的方式来获取报酬，而不是仅仅通过提供服务获得现金支付。如果适当地加以激励或吸引，这类非政府组织至少在初始阶段，可以以企业通常无法独立完成的方式将企业与贫困群体联系起来。

经过三年多（还在持续中）的推进，实践证明，马乌阿项目运营的显著成果最终是建立在参与进来的当地群体的特殊优势之上的。

二、公益事业：外国跨国公司在中国

王粤和黄浩明主编的《跨国公司与公益事业》一书中，有专章论述和探讨"跨国公司与民间公益机构的战略联盟关系"，主要内容是外国跨国公司与中国公益机构合作在中国开展公益事业。该书中，有多位中外作者提供了多个案例，例如美国冠群公司与中华慈善总会的"微笑列车"等。但是，中国"企业与公益机构之间的合作，特别是形成

战略联盟的例子还十分少见。而这种战略联盟在发达国家和地区已被广泛运用并取得了很好的结果"（王粤和黄浩明主编，2005：112）。

这种战略联盟对跨国公司与公益事业双方是双赢的："通过参与慈善公益事业，这些跨国公司逾越了民族、文化等方面的鸿沟，在很大程度上化解了东道国民众的戒心，拉近了企业与大众间的心理距离，使企业更快地融入了当地的社会；同时，企业与慈善事业的结合顺应了现代商业文明社会的要求，有利于企业更充分地显示自己的核心竞争力及可持续发展的能力；而且参与慈善公益活动本身也是最好的对企业品牌的宣传，无疑将极大地提高公司自身的公众形象，有助于企业实现消费者选择的最大化。对于我国的慈善公益事业而言，跨国公司的积极参与不仅为慈善公益事业注入了数量可观的资金，而且带来了发达国家先进的慈善理念，促进了国人慈善意识的觉醒和提升；在与跨国公司合作实施慈善项目的过程中，我们学到了发达国家在现代慈善事业管理方面的有效手段和先进经验；通过工作交流，也使他们了解到中国慈善事业的发展现状，为今后的进一步合作创造了条件，开辟了渠道；与此同时，跨国公司与慈善组织的合作还从一个侧面促进了我国政府对慈善机构在法律和政策上的重视和支持。"（王粤和黄浩明主编，2005：347）

那么，企业如何与非政府组织成功合作呢？哈佛大学商学院 James E. Austin 教授在《合作挑战》一书中，提出了以下七个原则（转引自王粤和黄浩明主编，2005：396—397）：

（1）建立合作目标与人员关系的基础。

（2）澄清双方合作目标。

（3）有和谐一致的宗旨、战略和价值。

（4）共同创造合作的价值观。

（5）与合作伙伴的交流。

（6）连续不断地相互学习。

（7）伙伴关系的承诺。

在中国企业与非市场利益相关者建立合作关系的探索中，与非政府组织建立战略联盟关系最有可行性：（1）外国跨国公司与中国非政府组织建立战略联盟的经验可供中国企业学习和借鉴。（2）中国企业与非政府组织建立战略联盟具有必要性和紧迫性。（3）少数中国企业正在探索和实践中。

参考文献

Drayton, B. & Budinich, V. A new alliance for global change. *Harvard Business Review*, 2010.

〔法〕布鲁诺·罗奇、〔美〕杰伊·雅各布《互惠资本主义：从治愈商业到治愈世界》，端木佳韵译，中信出版集团，2018年。

王粤、黄浩明主编《跨国公司与公益事业》，社会科学文献出版社，2005年。

习近平《论坚持推动构建人类命运共同体》，中央文献出版社，2018年。

第十一章

境外经济贸易合作区

我们在第三章将全球商业共同体定义为基于某个全球性商业场景的共同体。具体而言，全球商业共同体是指基于某个全球性商业场景，以其中的跨国公司及其利益相关者为成员的群体。在该群体中，跨国公司与不同类型成员之间的共同行动，将形成不同类型的关系（市场关系、非市场关系和治理关系），并实现不同类型的目标（共同发展、积极和平和改善治理）。

初步研究发现，境外经济贸易合作区（简称"境外合作区"）正是中国企业实施以构建全球商业共同体为目标的新战略的重要且主要的商业场景。柬埔寨西哈努克港经济特区（简称"西港特区"）和泰中罗勇工业园的 10 多年实践为此提供了两个合适的案例。

目前，中国企业主导的境外合作区数量日益扩大，但距离高质量发展还有非常大的差距。其中的原因多种多样，我们认为，缺乏合适的理论指导和战略指引是其中的主要或深层原因之一。如果境外合作区能够以构建全球商业共同体为目标，设计并实施基于利益相关者的合作战略，开发和获取以公司外交能力为关键的软实力，我们相信，境外合作区必将进入一个新的发展阶段，更加契合"一带一路"倡议的原则和要求，为构建人类命运共同体做出自己的贡献。

第一节　境外合作区的共同体属性

根据中国商务部的定义，境外经济贸易合作区是指在中华人民共和国境内（不含香港、澳门和台湾地区）注册、具有独立法人资格的中资控股企业（本书以下简称"实施企业"），通过在境外设立的中资控股的独立法人机构（本书以下简称"建区企业"），投资建设的基础设施完备、主导产业明确、公共服务功能健全、具有集聚和辐射效应的产业园区。

截至 2018 年 9 月，中国企业于 46 个国家在建初具规模的 113 家合作区累计投资 366.3 亿美元，入区企业 4663 家，上缴东道国税费 30.8 亿美元。其中，于 24 个"一带一路"沿线国家在建的 82 家合作区累计投资 304.5 亿美元，入区企业 4098 家，上缴东道国税费 21.9 亿美元；通过确认考核的 20 家合作区累计投资 201.3 亿美元，入区企业 873 家，上缴东道国税费 21.2 亿美元（"走出去"公共服务平台，2018 年 11 月 26 日）。

从中国政府对境外合作区的界定、确认和考核文件，以及中国企业建设的成功实践两个方面来看，境外合作区具有全球商业共同体的基本属性，这主要表现在以下几个方面。

一、地理上的共同体

全体成员是否位于一个共同的地理范围内，是传统共同体的界定标准之一。或者说，地域共同体是传统共同体的基本形态之一。

境外合作区正是这种地域共同体之一。一般而言，境外合作区位于某个特定的地理范围内，区内与区外有明确的分界，甚至相互隔离。区内的所有组织和个人都需要遵守共同的规则，共同生产和共同生活。

二、中外企业为主要成员的共同体

境外合作区是中国企业及其合作伙伴投资运营的，入区企业包括中国企业、东道国企业和第三国企业。这是一个以多国企业为主要成员的共同体，而不是某国企业为全部主要成员的共同体。尽管在目前的大多数境外合作区中，中国企业所占比例最大。这只是早期阶段的现象，而不是未来的目标状态。

成员企业之间存在多类合作关系。第一是建区企业股东之间的合作，即中国实施企业与东道国政府或企业共同投资成立建区企业，设立管理委员会等机构，共同承担治理职责；第二是建区企业或园区运营公司与入区企业之间的服务合作，根据中国商务部 2015 年 8 月颁布的《境外经贸合作区服务指南范本》，建区企业应为入区企业提供信息咨询、运营管理、物业管理和突发事件应急服务等；第三是入区企业之间的合作，具体表现为价值链各环节的业务合作。

三、以商业场景为基础的共同体

境外合作区主要成员的活动是商业活动，即通过市场方式向其客户提供产品和服务。尽管其中也涉及政府提供的公共服务和其他的文化生活服务，但商业活动是其基础和根本，占据着主要的地位，其他活动服务于商业活动。

四、市场与非市场利益相关者为共同体成员

虽然境外合作区以中外企业为主要成员，即以市场利益相关者为主要成员，但其成员还包括了非市场利益相关者。其中，中国政府和东道国政府（中央政府和地方政府）的地位和作用至关重要。国家级

境外合作区通常是从中国与东道国政府之间签署的协议开始的，再由政府通过招投标方式选定实施企业。

东道国地方政府、区内及周边的非政府组织、媒体和民众是境外合作区建设和运营阶段重要的非市场利益相关者，甚至在有些境外合作区内，设有东道国地方政府的派出机构，与建区企业共同直接为入区企业提供公共服务。

五、存在共同的规则

中国政府为境外合作区制定了相关的规则，东道国政府也有相应的规则，还有国际组织的相关经济贸易规则。这三类规则构成了境外合作区的共同规则，共同体成员一方面必须遵守既有的规则，另一方面也有可能参与到规则制定过程中。

六、可望实现共同发展、积极和平和改善治理的目标

共同发展、积极和平和改善治理是全球商业共同体的三大目标和使命，境外合作区可设定其为主要目标，并结合自身的实际情况界定这些目标的具体内容和指标，再通过成员之间的合作以及与外部机构的交流交往关系来实现这些目标。

七、基于境外合作区可探索城市级整体解决方案

第一，"一带一路"已经从产品输出、产业输出迈向模式输出的新阶段；第二，在中国改革开放四十周年之际，在总结宏观经验的同时，从中观切入，探索城市级整体解决方案模式更具有落地性和可操作性；第三，由于东南亚国家处于工业化、城镇化发展阶段，对中国可操作

性的经济发展模式有着现实的需求。可以此为合作重点，以其中的境外合作区为基础，探索推动"一带一路"由产品级、园区级向城市级整体解决方案转型升级（顾春光等，2018）。

第二节　"八方共赢"的西港特区 [①]

柬埔寨西港特区是由红豆集团主导，联合中柬企业在柬埔寨西哈努克省共同开发建设的国家级经贸合作区，是首个签订双边政府协定、建立双边协调机制的合作区，也是"一带一路"上的标志性项目，得到了中柬两国领导人的高度肯定。2016年10月12日，习近平主席出访柬埔寨前夕，在署名文章中特别指出"蓬勃发展的西哈努克港经济特区是中柬务实合作的样板"。2018年1月9日，国务院总理李克强访柬前夕又在发表的署名文章中高度肯定了西港特区的建设成果，认为西港特区以实实在在造福民众的方式续写着中柬友谊的时代新篇章。

西港特区是柬埔寨最大的经济特区，总体规划面积11.13平方千米，在发展定位上，实行产业规划与当地国情的深度融合，把企业"走出去"实现跨国发展的意愿，与柬埔寨工业发展的阶段性需要有效对接，确保特区建设可持续发展，前期以纺织服装、箱包皮具、五金机械、木业制品等为主要发展产业，后期将发挥临港优势，重点引入机械、装备、建材等产业。全部建成后，将形成300家企业（机构）入驻、8万—10万产业工人就业的配套功能齐全的生态化样板园区，成为柬埔寨的"深圳"。

---

① 本案例资料来源于红豆集团董事、品牌文化部部长、西港特区董事钱文华先生提供的《柬埔寨西哈努克港经济特区发展情况介绍》（2018年4月3日）以及西港特区官方网站和其他主流媒体报道。

红豆集团董事长周海江（2016）说，共赢理念是我们这个大时代发展的要求。实现共赢的根本路径就是：努力维护好相关方的利益，实现"八方共赢"。企业应致力于为股东、员工、顾客、供方、合作伙伴、政府、环境、社会（社区）等八方建立共赢关系。红豆集团在投资建设西港特区时，就在时刻践行着这样的发展理念。

周海江倡导、西港特区践行的"八方共赢"理念基于利益相关者的思维，从众多利益相关者中选定并突出其中的"八方"即八类利益相关者，并通过各种合作关系的建立实现"共赢"（"共同发展"之通俗说法）的目标。而这正是我们提倡的中国企业构建全球商业共同体的新目标、战略与行动的基本内容，因此，我们在此以西港特区为案例加以分析和讨论。通过综合西港特区官方网站和主流媒体的新闻报道资料，西港特区建立共赢关系的主要行动有：

1. 中柬企业联合开发，优势互补，与合作股东共赢。西哈努克港经济特区有限公司（简称"西港特区公司"）2007年于柬埔寨注册成立，主要股东有：江苏太湖柬埔寨国际经济合作区投资有限公司（中国红豆集团控股企业）和柬埔寨国际投资开发集团有限公司。公司注册资本1000万美元，江苏太湖占80%，柬埔寨国际占20%。江苏太湖于2006年10月在无锡市成立，注册资本8000万元人民币，投资方为无锡市光明集团有限公司、无锡市益多投资发展集团有限公司、华泰投资置业咨询有限公司。2007年4月，红豆集团收购江苏太湖70%的股权。2009年红豆集团增资8000万元人民币，注册资本达到1.6亿元人民币，红豆集团占85%。

西港特区是由中柬企业共同投资建设和运营的，不同于仅由中国企业投资建设和运营，也不同于中国企业与东道国政府合作。这种中国企业与东道国企业共同投资成立境外合作区的实施主体公司并由其负责运营的方式，是中国境外合作区发展的方向。如果再加入发达国家企业成为合作伙伴，那么就形成了境外合作区的 LCD 模式。

2. 西港特区是中柬中央政府支持及双边合作的产物，又推动了中柬地方政府之间的友好交往和合作，实现政府之间的共赢。西港特区是中国商务部和财政部共同确认考核的首批境外合作区之一，获得中国中央和地方政府的大力支持。2010 年 12 月，中柬两国政府签订《中华人民共和国政府和柬埔寨王国政府关于西哈努克港经济特区的协定》，并在协定框架下成立了西港特区副部级协调委员会。据了解，西港特区协调委员会分别于 2012 年 12 月和 2014 年 1 月，在无锡和金边举行了两次协调推进会议，旨在研究解决制约西港特区发展的"短板"，共襄拓展招商引资大计。

与此同时，西港特区为中柬地方政府之间的友好交往和合作做出了贡献。早在 2009 年 7 月，经过西港特区的努力，无锡市与西哈努克市就缔结为友好城市关系；2014 年 7 月，江苏省与西哈努克省签署了友好合作备忘录。在此基础上，通过西港特区的牵线搭桥，双方在医疗、卫生、教育、文化、基础设施等方面都取得了较好的合作进展。例如，在西港特区的全力支持和积极配合下，江苏省政府连续五次派出援外医疗队到柬埔寨开展巡诊活动，仅在西哈努克省就累计为当地 7900 多名患者赠医施药，给当地百姓带来了健康的福音。

西港特区还充分发挥平台效应，整合教育资源，先后配合江苏省、无锡市政府为毗邻西港特区的默德朗乡小学新添了电教室、教学楼，捐赠了体育器材和新衣，使该校由原来的校舍破落、设备落后、学生零星，一跃成为当地最美的乡村小学，并且在 2016 年 12 月正式更名为江苏-西哈努克默德朗友好学校。

3.西港特区与东道国政府部门合作，共同为入区企业提供公共服务，实现政府与企业共赢。柬埔寨发展理事会（洪森首相兼任理事会主席）、海关、商检、商业部、劳工局、西哈努克省政府入驻西港特区办公，为入区企业提供投资申请、登记注册等"一站式"行政审批服务。作为投资和服务平台，西港特区成立的"企业服务协调中心"在入区企业与柬埔寨政府的"一站式"服务之间发挥桥梁作用。"另外，在公共管理领域，还存在着大量的非经济因素、社会因素，这就需要我们与柬政府有效合作，共同管理园区。"红豆集团副总裁、西港特区公司董事长陈坚刚如此说（董彦，2015）。

4.提供优良的软硬件环境，单独或合作提供多项服务，与入区企业共赢。西港特区正在成为一个"国际园区"。在125家入区企业之中，有近20家来自第三国（中国和柬埔寨之外的国家），包括了美国、法国、澳大利亚、日本等。西港特区为园区企业提供的服务共有11项：（1）为前期考察企业提供行程安排、酒店预订、投资咨询等"一条龙"服务。（2）以优惠的价格租赁土地及标准厂房，并根据企业需求，量身定制厂房。（3）柬埔寨发展理事会、海关、商检、商业部、劳工局、西哈努克省政府入驻办公，为企业提供投资申请、登记注册、报关、商检、核发原产地证明等"一站式"行政审批服务。（4）与当地大专院校进行对接，向区内企业推荐适用的管理人才，并建立劳动力市场，定期在区内举办人力资源劳工招聘会，协助企业招工。（5）与无锡商业职业技术学院共同开展培训工作，为区内企业培养储备适用的产业工人，帮助企业缩短筹建周期。（6）为企业提供经贸信息、推荐合作伙伴。（7）引进金融机构，为企业搭建融资平台及提供各类金融服务。（8）搭建法律咨询平台，提供专业法律服务。（9）建有公寓、邻里中心及社区卫生服务中心等生活配套设施。（10）提供物流、清关、安保及物业管理服务。（11）提供网络、电话、传真等基础通信服务。

5. 从与大专院校合作，为入区企业提供人力资源服务，到联合创办当地工商学院，实现三方共赢。这些人力资源服务主要包括员工招聘协助和员工培训支持。第一，与柬埔寨当地大专院校对接合作，向入区企业推荐适用的管理人才，并建立区内劳动力市场，定期举办人力资源劳工招聘会，协助企业招工。第二，西港特区与无锡商业职业技术学院共同开展培训工作，为入区企业培养储备适用的产业工人。先后主办 13 期，已有 3.5 万人次接受培训（2018 年数据），不少人经培训后由一线操作工升任班（组）长、指导工、翻译和中层管理岗位。第三，西港特区建立了培训中心，对区内柬籍员工及周边村庄学生进行专业技能培训和语言培训，推进当地农民实现向现代产业工人转变的进程。现已有累计近 1.4 万人次参加了培训。

2018 年 11 月 14 日，西港特区公司董事长陈坚刚、副董事长戴月娥以及无锡商业职业技术学院副院长徐汉文一行拜会了柬埔寨教育、青年和体育部副部长 Pit Chamnan 及高等教育司的部分官员，并领取了柬埔寨洪森首相 10 月 31 日签发的第 136 号《关于批准成立西哈努克港工商学院的政府令》。这标志着由西港特区公司联合无锡商业职业技术学院在西港特区申办的西哈努克港工商学院（简称"西港工商学院"）正式获准成立办学。

西港工商学院将从中国带来先进的知识、技术和管理，为柬埔寨培养大量的高技术、高技能人才。这就能吸引更多高新技术企业来柬埔寨投资兴办企业，推动柬埔寨经济和社会发展。西港工商学院获准开展办学，既是柬埔寨教育、青年和体育部大力支持的结果，也是西港特区公司战略眼光的体现。西港工商学院的办学定位就是要逐步发展成为集学历教育、职业培训、技术服务和人文交流四大功能为一体的大学。西港工商学院将集聚各种优质教育资源，努力发展成一所高水平的大学，为西港特区乃至柬埔寨培养更多、更优秀的人才。

6. 通过提供就业岗位，主动履行社会责任，与员工及当地百姓和社会共赢。一方面，通过发展经济，拉动就业。目前，仅西哈努克省波雷诺县就有 70% 的家庭在西港特区工作。这份工作提高了就业者的生活水平，员工家庭收入由以前的一年一头牛到现在每月就能挣回一头牛。另一方面，西港特区主动履行社会责任，包括 2008 年捐资 25.4 万美元为当地修建学校；每年都向柬埔寨红十字会捐款，救助社会弱势群体；向当地灾民及贫困百姓捐水、捐米；捐资助学，向品学兼优学生捐赠书包，发动员工开展"一对一"帮扶贫困学生；同时，成立柬中友谊公益志愿者联盟，发动更多的人参与到公益慈善活动中。

7. 积极保护当地生态环境，建设绿色环保园区，与自然和谐共赢。西港特区在发展过程中，一方面，坚持开发与生态并举，维护绿色环境。在开发过程中，尽可能维护生态环境，保护原有的植被和水资源，逐步推进生态建设。另一方面，坚持建设与环保并举，打造绿色产业园区。在前几年污水处理尚未达标的情况下，坚决禁止产生污染源的重工、化工企业入区。在园区建设雨、污分流排放管渠，对生活污水进行处理后再排放，维护周边水源的生态安全。现在，西港特区又建设了柬埔寨最大的标准污水处理厂，确保园区污水达标排放，保护环境，得到了当地政府部门的高度认可。

西港特区还在遵守法律法规、尊重当地文化和健全风险防范机制等方面有较多的具体行动，并取得了较好的效果。这正是构建全球商业价值共同体和责任共同体所需要的。

1. 严格遵守法律法规。西港特区公司从建立之初，就聘请当地律师作为法律顾问，常年提供法律支持。同时，联合江苏漫修律师事务所搭建法律咨询平台，提供专业法律咨询服务；不定期邀请相关单位举办法律咨询会、税收政策解读会等，为入区企业传达柬埔寨相关法律法规及手续办理流程，引导区内企业遵守法律法规，严格执行柬埔寨政府规定的企业员工应当享有的社会福利政策，做负责任的国际企业，确保职工享有合法权益。

2. 充分尊重当地文化。企业在东道国开展经营活动，必须尊重当地的宗教和风俗习惯，与当地人民和谐相处。西港特区公司在日常的经营管理中，时刻谨记这一点，做到"入乡随俗"。鉴于西哈努克国王是柬埔寨人民心中的精神领袖，在柬埔寨国家哀悼日期间，西港特区不仅降半旗，设置简易灵堂，供区内员工悼念，还提醒区内企业关注柬籍员工情绪并及时进行安抚。

3. 健全风险防范机制。为有效防范各项风险、处理各类突发事件，西港特区建立了风险防范机制，制定了突发事件应急预案及相关安全管理规范。同时，采取以下措施增强风险防范能力：（1）与中国出口信用保险公司建立合作关系，投保海外投资险。（2）与驻柬使馆、经商处建立联络机制，定期向他们汇报工作。（3）形成国际招商格局，增强西港特区的抗风险能力。通过引进发达国家企业，使西港特区成为世界企业跨国发展的平台，获得国际社会的保护。

第三节 泰中罗勇工业园 ①

泰中罗勇工业园是华立集团 2005 年与泰国安美德集团合作在泰设立的面向中国企业的现代化工业园区，位于泰国东部海岸、靠近曼谷和廉差邦深水港。园区规划总面积 12 平方千米，包括一般工业区、保税区、物流仓储区和商业生活区。园区充分发挥中国传统优势产业的集群效应，主要吸引汽摩配、机械、新能源、电子、建材等中国企业入园设厂。

截至 2018 年 11 月，泰中罗勇工业园已开发建设超 6 平方千米，成功吸引了 113 家企业入驻（其中 2013—2018 年 78 家，2005—2012 年 35 家），带动中国企业对泰投资超 30 亿美元，累计实现工业总值超 100 亿美元，为泰国当地解决就业超 3.2 万人，帮助泰国当地老百姓从务农平均每月 1000 元人民币收入提升到成为产业工人后的每月超过 3000 元。预计 2020 年完成全部开发建设后可容纳 300 家企业集聚，为泰国当地创造 10 万个就业岗位。

一、泰中罗勇工业园的发展模式

2007—2014 年阶段为 1.0 版本，就是"买地卖地或者建房租房卖房"的工业地产开发模式；从 2015 年开始，华立开始升级到 2.0 版本，即土地厂房的开发只是其中的一个内容，更重要的是华立要为中国制造企业在境外搭建一个全方位的生态化服务平台，同时华立的营利模式

---

① 本案例资料来源于华立集团公共事务部张桂芳 2019 年 1 月 7 日提供的书面材料：《华立集团积极参与"一带一路"建设汇报材料》《以国际产能合作为重点，融入"一带一路"建设，华立在路上》。

也开始从简单的土地差价，逐步转向通过为入园企业提供全方位服务中寻找"双赢""共赢"的长期营利模式，如供应链融资、参与投资、合作扩大市场机会等。现在华立正在尝试 3.0 版本，即在园区内选择一些规模较大的企业，帮助它们一起在曼谷申请跨国企业地区总部政策，抱团建立中国企业东盟总部，进一步促进人员、资金/资本、技术研发、投资等全方位的本地化经营，形成真正的跨国经营格局。

二、华立境外合作区建设的主要经验

第一，遵循市场规律、抱团取暖。华立决定在泰国建设中国工业园是基于中国企业"抱团出海"的趋势和需求，由企业自主决策的市场行为。华立从 2000 年在泰国设立第一家制造工厂开始，就感觉到会有越来越多的中国企业"走出去"，从简单的产品"走出去"跨越到企业"走出去"，并参与国际市场竞争。在中国企业"走出去"的过程中，首先碰到的最大困难就是对东道国法律法规、人文环境的不熟悉和语言沟通障碍等，企业投资建厂容易走弯路、多交学费，同时中国企业"走出去"还存在着单打独斗、互相恶性竞争等问题。通过设立境外园区这个平台，既可以降低企业投资初期的门槛、减少风险，又可以增强中国企业在海外的抱团协作效应，规范企业在当地的经营行为。

第二，融入当地社会，实现合作共赢。在当地找到一个有实力、有好口碑、有社会责任感的合作伙伴，积极争取所在国政府及中国政府部门的认可和支持，使所引进的产业符合所在国的产业发展规划，是境外合作区取得成功的关键因素。华立选择泰国安美德集团作为合作伙伴。安美德集团是泰国最大的园区开发商（上市公司），其所开发的两个园区占到了泰国工业总产值的 8%，在园区规划与运营方面具

有丰富的经验和极强的实力。华立与其合作，实现了强强联合、优势互补，还可以积极争取中泰两国政府的支持，尽可能为入园企业创造良好的投资发展环境。

第三，秉持"选商胜于招商"的理念。引进的企业要有所选择，形成上下游协同的产业链、形成相对聚焦的产业、有意避免中资企业之间同质化过度竞争。泰中罗勇工业园的产业定位在汽摩配、机械、电子等，例如引进的中策橡胶是目前泰中罗勇工业园区内占地面积、生产规模、总投资额最大的生产企业，该项目占地800余亩，一期、二期总投资额30亿元人民币。这家企业的入园，带动了国内橡胶轮胎行业多家配套企业跟着入园，达到了集群式"走出去"的效果。

第四，提供全方位全流程"一站式"服务。园区向中资企业提供包括目标市场调研分析、产业政策咨询、法律法规解读、投资优惠政策争取、投资注册审批代办、税务及金融服务策划、劳动力招聘在内的"一条龙"服务。园区提出了"感动客户"的招商理念，实行24小时全天候"一站式"服务。泰中罗勇工业园专设一支由中泰员工组成的专业团队，他们为入园企业提供前期"一站式"投资服务。在企业入园后，为了更好地为入园后正常运营的中资企业提供跟踪服务，园区不定期组织活动，方便入园企业交流在泰投资经验教训，互相学习与合作；园区不定期邀请泰国海关、税务、劳工、电力等政府部门的官员与专家来园区与企业进行交流，现场解答或解决企业投资过程中遇到的困难和问题。

第五，组建商会提高园区企业组织化程度。在中国驻泰大使馆的指导下，华立牵头设立了泰国中国企业总商会罗勇商会，围绕"合规企业""关爱员工""社会交流""使馆活动"四个方面开展系列活动，加强对入园企业的服务与自律，维护企业合法权益，在当地积极履行社会责任。

第四节　国内学者对境外合作区的研究

国内学者对境外合作区的研究主要集中在境外合作区的概念、重要性、发展阶段、类型及中国在非洲建立的境外合作区等方面。

就境外合作区的概念而言，洪联英和张云认为中国境外合作区是由国家商务部牵头，与政治稳定并且同我国关系较好的国家达成一致，通过国内审批的牵头企业与合作国政府签订协议、共同建设的合作区。

就中国境外合作区的重要性而言，刘佳认为境外合作区是带动产业链企业和中小企业"走出去"实现集群式发展的助推器，是促进国际产能合作、提升"走出去"层次的重要海外载体和国际化发展平台，也是我国发展模式、管理理念、文化和价值观等软实力输出的重要渠道和"走出去"的重要名片。邹昊飞、杜贞利、段京新认为境外合作区是中国特色产业合作的成功模式，已成为我国企业"走出去"的集聚平台和我国对外投资的重要名片，是实施"一带一路"倡议、深化产业投资合作、实现"产业联通"的重要抓手。李春顶认为中国境外合作区是在全球经济一体化的发展过程中为鼓励和支持我国企业"走出去"而产生的，能够开拓国际市场、提高企业竞争力、规避贸易摩擦、缓解外汇储备过多的压力；并且将境外合作区的发展与"走出去"战略相结合，总结出政府行为选择的重要性。沈铭辉、张中元认为境外合作区有助于降低从事"一带一路"产能合作的企业经营成本，能够有效地规避国际贸易壁垒、减少国际贸易摩擦；企业"走出去"行为体现在其于"一带一路"沿线国家的投资行为。境外合作区便是促进企业"走出去"、加快企业对外投资的重要平台，在中国企业"走出去"的过程中发挥着十分重要的作用。"一带一路"倡议的提出降低了中国企业对外投资的风险，提供了较为稳定的政治保障，推进企业的国际化发展，而且可为"一带一路"合作倡议探讨经验，逐步构建更为成熟的合作模式。

就境外合作区的发展阶段及类型而言，张广荣将境外合作区划分为企业自发行动时期（2005 年之前）、政府扶持时期（2005 年至今），认为前一阶段境外合作区主要是为开发企业自身服务，后一阶段境外合作区的目的在于为中国开拓国际市场、获取国际市场，增强我国的经济能力和综合国力；同时，对境外合作区的现行政策进行深入分析并提出不足与建议等。李春顶将境外合作区在功能上分为工业园区、出口加工区、科技园区、境外资源开发合作园及自由贸易区；对我国境外合作区的总体发展进行了深度评价，认为中国与泰国、尼日利亚、柬埔寨等在对外投资合作业务中呈强劲增长势头。阮刚辉认为中国对境外合作区的投资金额巨大，并且大多受东道国的经济、政治和社会环境的影响，不确定因素多，投资回收期长，面临巨大风险和挑战；同时以浙江企业为例，建议浙江结合国家"一带一路"倡议，认真研究浙江优势产业，在不同的发展时期，突出"稳""准"和"可持续"的发展思路。

就中国在非洲的境外合作区的研究而言，王燕妮将中非经贸关系发展模式作为研究对象，从现状、问题、典型案例及未来发展等几个方面进行了系统分析，认为在几种中非经济合作模式中，新型经济贸易合作区很有潜力。安春英以埃及苏伊士经贸合作区为例，介绍了其形成的特色模式，并从基础设施、招商引资及社会与经济发展等方面分析了合作区取得的初步成效，认为未来改善合作区环境、规避投资风险和探寻营利模式是其关键。冯兴艳对中非经贸合作区的背景和基础、特点、作用及发展战略进行了探析，认为中非关系的全面发展为中国在非洲建立境外合作区提供了坚实的保障；认为中国在非洲建立境外合作区是政府支持下的中非投资合作的创新模式，目标是促进非洲经济发展，改善民生；同时分析了中国在非洲建立境外合作区的作用，认为中国企业在开拓一个新的大市场的同时，还推动了非洲工业化进程；最后为中国在非洲建立的经贸合作区提出发展战略，建议打造中国在非洲的制造业基地、进一步加强中非之间的资源能源加工合作、开展属地化经营，树立良好形象等。

国内学者对西港特区的研究主要集中在西港特区的政策、发展历程以及与"一带一路"的关系上。矫月通过对柬埔寨西港特区的发展历程的简述及发展现状的概括，认为西港特区是"一带一路"上的样本，"一带一路"倡议加快西港特区的发展，为西港特区提供政治保障，使西港特区逐渐成为"一带一路"节点上合作的样本园区。卜从春、建春、周密对为什么选择西港特区做出解释，认为政局稳定、地理位置优越、双边政府支持、优越的投资环境、服务周到、优惠的税收政策等都是中国选择在柬埔寨建立西港特区的原因，并且对西哈努克港的现状进行了简要概括。赵毅、唐历敏分析了西港特区是我国首批境外合作区之一，是我国实施"走出去"战略的重要载体，并且以西港特区的详细规划为例，介绍了规划方案的主要内容、规划特色和实践感悟及其对同期项目的启发。刘琳分析了西港特区的发展过程、面临的问题和挑战，探讨了西港特区的建设模式，并与新加坡境外工业园模式进行对比分析，为中国境外合作区的建设模式提供参考意见（以上内容转引自王雪，2017）。

以上这些研究都是非常必要和重要的。但我们认为，这些研究存在两大问题：一是研究主要还是建立在原有的对外投资、产业聚集等理论的基础上的，[①] 而这些理论基本上无法概括中国境外合作区的丰富实践；二是当境外合作区被认为是共建"一带一路"的国际合作平台时，更显现出实践与理论之间的严重脱节。

本书提出的全球商业共同体理论与战略，可作为解决上述问题的尝试和解决方案之一。

第五节　从境外合作区到全球商业共同体

我们在本章开头简要说明了境外合作区是中国企业构建全球商业共同体最为合适的商业场景，也就是说，与其他商业场景相比，从境外合作区开始构建全球商业共同体具有现实操作性和目标可达性。

为此，中国境外合作区的实施企业和建区企业应加强以下几个方面的工作：

第一，全面拥有全球商业共同体意识，了解并把握全球商业共同体理论和战略。全球商业共同体意识是中国企业"抱团"意识的扩大和延伸。通常说的"抱团"主要是指中国企业"抱团"，而全球商业共同体的"抱团"范围不仅包括中国企业，而且包括东道国企业和第三国企业；不仅包括企业这类市场利益相关者，而且还包括政府、非

---

① 中国知网中查到的多篇硕士学位论文的理论综述部分主要就是这些内容。

政府组织、社区民众等非市场利益相关者。同时，这种"抱团"不是封闭的，而是开放的。

"全面拥有"首先是实施企业和建区企业拥有，然后是全体入区企业和相关政府部门拥有，最后是境外合作区的周边组织和民众拥有。不仅是企业和机构的高中层管理者拥有，而且还要求其基层管理者和一般员工及工作人员拥有。

在拥有全球商业共同体意识的前提下，所有利益相关者还需要了解全球商业共同体的一般理论和战略，然后结合自身的实际情况，将一般理论和战略具体转化到自身的商业场景中，把握全球商业共同体的基本原则，绘制出商业场景中构建全球商业共同体的行动路线图。

第二，深化企业与境外合作区之间的合作，实现共同发展。在某个境外合作区层面，深化合作有以下几个方向需要努力：（1）实施企业与中国政府的合作，以通过中国商务部和财政部的确认考核为目标。（2）建区企业与东道国政府的合作，获得东道国政府的批准是前提，协助东道国政府建立境外合作区法律和政策体系是合作的最高层次。（3）建区企业的股东之间的合作，这方面潜力巨大。目前，建区企业的股东构成有单一中国企业、多家中国企业、中国企业与东道国政府或企业三种情形。努力方向是多家中国企业、东道国政府或企业、第三国企业共同投资建区企业。（4）建区企业或园区运营企业与入区企业之间的合作，这是未通过中国商务部和财政部的确认考核的境外合作区需要重点努力做好的工作。（5）入区企业之间的国际合作，境外合作区作为中国企业抱团"走出去"的主要方式，其入区企业中，中国企业占有相当大的比重。其努力方向是扩大东道国企业、第三国企业在入区企业中的比重，加强入区企业之间的国际性业务合作。（6）入区企业与区外企业或机构的合作，尤其是中国企业与东道国企业、第三国企业之间的业务合作，也是境外合作区深化合作的方向之一。

在境外合作区之间，应启动和加强合作。首先是中国层面，例如，2017年3月，"一带一路"国际产能合作园区联盟在天津"一带一路"中国境外合作区高峰论坛上成立，该联盟由国家发展改革委国际合作中心发起，创始成员包括"一带一路"沿线的16个境外合作区。其次是东道国层面，中国企业主导的境外合作区是东道国产业园区的重要组成部分，应加强与东道国其他产业园区的交流与合作。因为在有些国家中，已经拥有数量较多的产业园区，其中有东道国政府或企业主导的，也有第三国企业主导的。最后是国际组织层面，中国企业主导的境外合作区可通过中国、东道国两条途径参与到相关国际组织中或倡导成立新的国际组织。

第三，积极主动开展公司外交，实现积极和平。与单个企业在东道国投资经营相比，境外合作区的中国企业数量可达几十家甚至上百家。这无疑对东道国政治、经济、社会、文化和生态带来影响。中外政府设立境外合作区的初衷肯定是希望这些影响全是正面的，但实际情况是，正面和负面影响同时存在。其产生原因也是多方面的，既有中国企业自身的，也有东道国政府、非政府组织和民众方面的，更多的是两者之间沟通交流不足造成的。

这就需要中国企业主动积极地开展公司外交活动。虽然我们把中国企业与东道国非市场利益相关者之间的沟通、交流、交往和合作行为界定为公司外交，但在具体操作时，中国企业首先要对这些非市场利益相关者进行分类，确定其中的重点对象，有针对性地开展公司外交活动。

　　具体到境外合作区，东道国地方政府无疑是重点对象。中国企业不仅需要利用自身资源和能力来满足其诉求，而且可以像红豆集团那样，通过公司外交推动城市外交，借助中国地方政府的资源和能力，共同满足东道国地方政府的诉求。还有，东道国非政府组织和媒体机构是中国企业不可忽视的主要对象，在许多东道国中，它们的力量强大。再加上中国企业普遍缺乏与其打交道的能力，中国企业更需要借助外力来提升自身的公司外交能力。其中，与国际非政府组织、本地非政府组织和中国非政府组织合作是较为有效的途径和方式。

　　第四，创制东道国规则及国际规则标准，实现改善治理。在遵守东道国法律法规和国际经济规则的基础上，境外合作区为了可持续发展的目的，还需要在创制东道的产业园区规则和国际规则标准方面做出努力。目前，暂未看到中国企业在这个方面的具体行动。

　　值得提及的是，近年来，中国（深圳）综合开发研究院已为埃塞俄比亚工业园区（特殊经济区）、印度威扎吉-钦奈工业走廊经济特区、刚果（布）黑角经济特区、肯尼亚蒙巴萨基里菲特殊经济区、斯里兰卡汉班托塔特殊经济区、毛里求斯晋非合作区、密克罗尼西亚联邦远洋渔业基地等多个项目提供规划咨询服务。这些规划咨询服务以该院首创的"123"工程为方法论：

　　"1"为政策法规体系。针对许多发展中国家在园区法律和政策方面存在欠缺，借鉴我国各类特殊经济区的相关经验，结合东道国政治体制和法律体系现状，向东道国政府提供园区国家立法、国家管理体制、园区优惠政策等方面的咨询服务。

　　"2"产业规划和空间规则。根据对当地基础条件、市场需求、行业趋势和政策导向的分析，明确园区项目在东道国、周边区域以及国际市场上将扮演什么角色、承担什么功能、发挥什么作用，并依此提出园区重点发展的产业门类，分析预测产业发展规模和将会产生的经济及社会效应。再依据产业规划的结论，以及对项目所在地的现状调研，开展项目选址、土地利用、功能分区、空间形态、基础设施、交通路网等各项规划，指导园区开发建设。

"3"为商业计划方案、融资方案和管理运营方案。依据产业规划和空间规划，分期测算项目的投资额和收入额，并构建财务模型，通过内部收益率、净现值等核心指标，预测项目的财务可行性。借鉴其他园区的成功经验，围绕产业园区的规划建设目标和要求，设计灵活多样的融资模式，确定最佳融资方案，有效解决园区开发建设资金需求量大、建设周期长的现实问题。借鉴我国及其他国家在园区运营管理方面的最佳实践经验，结合东道国实际情况，开展园区运营管理方案设计，重点解决开发商、运营商和当地政府三方的合作模式问题，保证园区能够提供满足入驻企业和员工需求的投资服务、公共服务和社会服务。

"这些年来，综合开发研究院派出几十支专家队伍到世界各地帮助各国规划经济特区。"[①] 这种以顾问方式为东道国政府提供的整体解决方案，不仅满足了东道国政府和立法机构的需求，而且也是中国机构帮助东道国提升经济治理能力的具体行动。中国企业可考虑与类似的智库机构合作，共同为东道国政府的经济治理能力的提升做出贡献。

在国际组织层面，目前有关产业园区的专业性国际组织似乎是一个空白。中国也许可在这个领域牵头成立相关的国际组织，吸引世界

---

① 中国（深圳）综合开发研究院副院长曲建在"一带一路"理论研讨会上的发言，上海社会科学院，2018 年 9 月 18 日。

各国的产业园区加入，共同制定有关产业园区的国际规则标准，直接参与全球经济治理。或者先在国际商会中设立专业委员会，提升中国企业的制度性话语权。

参考文献

《2018 年 1—9 月我国境外经贸合作区统计数据》，"走出去"公共服务平台，2018 年 11 月 26 日。

董彦《柬埔寨的"西港特区"是如何炼成的》，《中国报道》2015年第 5 期。

顾春光、周兴会、翟崑《新时代视野下"一带一路"模式升级研究——以东南亚区域合作为例》，《中国软科学》2018 年第 6 期。

王雪《中国境外经贸合作区发展研究——以中柬西哈努克港经济特区为例》，天津师范大学学术型硕士学位论文，2017 年。

周海江《聚焦"一带一路" 践行"八方共赢" 打造中柬合作样板》，中国经济网，2016 年 12 月 2 日。

第十二章

世界电子贸易平台（eWTP）

世界电子贸易平台（eWTP）由阿里巴巴集团于 2016 年 3 月正式提出，是一个由私营部门牵头的多利益攸关方倡议，旨在促进公私对话，以孵化电子贸易规则，并为跨境电子贸易（包括 B2B 和 B2C）的发展培育一个更加有效和高效的政策和商业环境。到 2018 年年底，eWTP 已在中国、马来西亚、卢旺达和比利时推进商业实践，并得到多个国际组织（例如二十国集团领导人峰会、世界贸易组织、世界经济论坛、联合国工业发展组织等）的认可并共同开展规则创制的相关工作。

这是中国企业首次牵头倡导创制新的国际贸易规则，其地理范围覆盖全球各个国家和地区，核心业务领域是跨境电子贸易。因此，实现目标的难度非常大，迫切需要创新的思维和方法。全球商业共同体也许正是这种创新思维和方法。在研究过程中，我们一直在寻找相关的企业案例。我们发现，目前中国企业的实际行动中，很少有与全球商业共同体概念高度契合的案例。而阿里巴巴集团提出及推进的 eWTP 是极少数与全球商业共同体概念契合度较高的一个案例。

本章只是我们团队的初步研究成果，我们首先描述 eWTP 提出至今的主要行动及进展，资料主要来源于阿里足迹官方网站、eWTP 官方网站和阿里研究院官方网站以及媒体报道；然后根据全球商业共同体的理论逻辑，对以上具体行动进行梳理、分析和讨论；最后，就 eWTP 的未来发展提出我们的看法和建议。

第一节　主要行动及进展

从 2016 年 3 月阿里巴巴集团董事局主席马云在博鳌亚洲论坛上正式提出 eWTP 倡议到 2018 年 12 月 5 日比利时政府与阿里巴巴集团共同宣布共建 eWTP，阿里巴巴集团及其合作伙伴开展的主要行动，可以分为商业实践、企业家外交和规则创制三个方面，其主要进展见表 1：

表 1　eWTP 的主要行动及进展

时间	商业实践	企业家外交	规则创制
2016 年 3 月		马云在博鳌亚洲论坛上提出 eWTP 倡议	
2016 年 6 月		马云在圣彼得堡国际经济论坛上提出为小企业建立电子自由贸易区	
2016 年 7 月			二十国集团贸易部长会议批准《二十国集团全球贸易增长战略》，明确表示"欢迎工商界提出的 eWTP 倡议"
2016 年 8 月			二十国集团工商峰会发布《二十国集团工商峰会政策建议报告》，建议二十国集团"建立促进跨境电商领域公私对话的 eWTP"

（续表）

时间	商业实践	企业家外交	规则创制
2016 年 9 月		3 日，马云在二十国集团工商峰会发表演讲，系统阐述 eWTP 的理念、愿景和行动计划； 6 日，世界贸易组织总干事罗伯托·阿泽维多与马云畅谈建设 eWTP 的思路； 马云受联合国邀请，出任联合国贸易和发展会议青年创业和小企业特别顾问	《二十国集团领导人杭州峰会公报》正式发布，eWTP 被写入公报第 30 条，"我们欢迎二十国集团工商峰会对加强数字贸易和其他工作的兴趣，注意到其关于构建 eWTP 的倡议"
2016 年 12 月	中国（杭州）跨境电子商务综合试验区率先行动，联合阿里巴巴集团打造全球首个 eWTP 试验区	阿里巴巴集团 CEO 张勇在杭州全球跨境电商峰会上发表"eWTP——让贸易回归贸易"主题演讲	
2017 年 1 月		马云在美国向当地企业介绍 eWTP，并和美国总统特朗普会面； 在瑞士达沃斯世界经济论坛面会巴基斯坦和挪威两国总理，谈电子商务、自由贸易、可持续发展	
2017 年 2 月		马云在悉尼拜访澳大利亚总理； 阿里巴巴集团澳新总部 4 日举行揭幕典礼	
2017 年 3 月	马云和马来西亚总理宣布双方达成战略合作，联手打造 eWTP 试验区，建设马来西亚"数字自由贸易区"		阿里研究院发布《世界电子贸易平台倡议（eWTP）2017 年度报告》

时间	商业实践	企业家外交	规则创制
2017 年 4 月		马云到访联合国日内瓦总部，与联合国贸易和发展会议秘书长穆希萨·基图伊及 200 多名同事分享一年来奔走全球、协助年轻人和中小企业发展的工作情况，并且与当地青年学子交流；同时，马云亦受邀访问世界贸易组织日内瓦总部，与世界贸易组织总干事罗伯托·阿泽维多第二次就 eWTP 进行晤谈	
2017 年 5 月	马来西亚数字经济发展局、杭州市政府和阿里巴巴集团联合签署合作备忘录，宣布 eWTP 的全球两大"数字中枢"（e-hub）——马来西亚数字自由贸易区和中国（杭州）跨境电子商务综合试验区将正式开启互联互通	马云到访阿根廷，在总统府和总统对话，洽谈合作；马云同墨西哥总统在墨西哥总统府长谈，聚焦中小企业跨境贸易	
2017 年 6 月	马云出席阿里巴巴集团在美国底特律举办的中小企业论坛，与超过 3000 名美国中小企业和合作伙伴见面		
2017 年 7 月		马云到访非洲，会见卢旺达、肯尼亚等国总统	
2017 年 9 月	马云出席阿里巴巴集团加拿大中小企业家论坛	马云面见加拿大总理	
2017 年 10 月	杭州市和阿里巴巴集团联合首次发布 eWTP 杭州实验区建设	马云到访俄罗斯，出席"开放性创新论坛"	

（续表）

时间	商业实践	企业家外交	规则创制
2017 年 11 月	eWTP 海外首个 e-hub 在马来西亚正式启动；阿里巴巴集团 eWTP 投资工作小组成立		
2017 年 12 月			eWTP、世界贸易组织与世界经济论坛共同宣布，要赋能电子商务，整合来自政府、企业和其他各方的意见，为全球数字贸易提供链接实践和政策的桥梁
2018 年 1 月 24 日			世界经济论坛上，由 eWTP、世界贸易组织和世界经济论坛共同发起赋能电子商务的长期对话机制举办了首场活动
2018 年 4 月 21 日		马云和联合国工业发展组织总干事李勇会面，探讨如何深化工业发展组织与 eWTP 的合作	
2018 年 5 月	由阿里巴巴集团和蚂蚁金融服务集团投资的 eWTP 生态基金在中国香港正式发布，旗下第一支基金——"eWTP 科技创新基金"面市，首期规模 6 亿美元		
2018 年 6 月 18 日	阿里巴巴集团在马来西亚设立国家办公室		
2018 年 7 月 3 日	比利时首相在布鲁塞尔会见马云时宣布加入 eWTP		

（续表）

时间	商业实践	企业家外交	规则创制
2018 年 10 月 3 日		马云在"世界贸易组织公共论坛"上发表主旨演讲	
2018 年 10 月 31 日	阿里巴巴集团与卢旺达政府签署三份谅解备忘录，双方将在卢旺达建立 eWTP		
2018 年 12 月 5 日	比利时政府与阿里巴巴集团宣布，携手共建 eWTP		

第二节　国际合作构建利益共同体

到 2018 年年底，阿里巴巴集团已与中国杭州市政府、马来西亚政府、卢旺达政府和比利时政府签署协议或备忘录，共同推动共建 eWTP。这是 2016 年 eWTP 倡议提出后，阿里巴巴集团在商业实践方面取得的重大进展，也是 eWTP 规则创制的重要基础。鉴于国际合作的视角和马来西亚方面取得的实质性进展，我们在此以马来西亚为例加以介绍。

一、理念高度契合，从旅行合作起步

2016 年 11 月 4 日，马来西亚总理在访问中国期间，同马云进行了单独深度会谈，并当场邀请马云担任马来西亚政府数字经济顾问。

在会谈中，马来西亚总理提出 digital hub 概念，同马云此前提出的 eWTP 中的 e-hub 高度契合，双方计划一起在马来西亚合作建设。总理还邀请马云 2017 年访问马来西亚，一起为数字自由贸易区揭幕。

当天，阿里旅行还与马来西亚国家旅游局在北京签署战略合作，马来西亚总理与马云两人现场通过手机扫码的方式，启动了阿里旅行上的马来西亚国家馆。

二、在物流、电商、支付和人才四个领域开启合作

2017 年 3 月 22 日，马云与马来西亚总理会面 4 个月后，阿里巴巴集团宣布，与马来西亚数字经济发展局及其他合作伙伴携手，于马来西亚共同成立 e-hub，这标志着 eWTP 愿景得以实现的海外第一步。

作为马来西亚中央政府的一个职能部门，数字经济发展局主要有以下职能：（1）扩大投资。一方面吸引外国投资者投资于马来西亚，另一方面帮助马来西亚科技企业走向海外。（2）建立产业驱动的数字生态。该局与其他政府部门和公司合作，促进电子商务、物联网、大数据等数字经济产业的发展。（3）建立起数字经济的关键参与部门。（4）促进科技的普惠适用。

阿里巴巴集团与马来西亚数字经济发展局主要从以下四个领域，将 eWTP 中 e-hub 的概念融入马来西亚数字自由贸易区：一是超级物流枢纽：坐落于吉隆坡国际机场附近，将为马来西亚和整个东南亚地区提供集中清关、仓储及配送物流等服务，帮助进出口货品更快完成清关。二是电子服务平台：连接至阿里巴巴的"一达通"外贸综合服务平台，将马来西亚直接与中国（杭州）跨境电子商务综合试验区联通，赋能两国中小企业及商家之间更便捷高效地开展贸易。三是电子支付及融资：合作双方的相关方将开拓电子支付及融资方面的机遇，重点促进马来西亚中小企业的 B2B 贸易。四是电子人才发展：双方将开设培训项目，帮助孵化初创企业及培养人才技能，借以支持马来西亚的数字

经济发展。

为此，阿里巴巴集团与马来西亚数字经济发展局、菜鸟网络与马来西亚机场控股公司、蚂蚁金服与马来西亚两家最大的银行——联昌国际银行（CIMB）及马来亚银行（Maybank）分别签署谅解备忘录。

根据备忘录，阿里巴巴集团旗下多个业务部门将提供解决方案，全力支持马来西亚数字自由贸易区的发展。菜鸟网络及东南亚电子商务平台 Lazada 将带领其他阿里巴巴集团附属及关联企业，与马来西亚机场控股集团携手发展马来西亚数字自由贸易区的一部分，即位于吉隆坡国际机场航空城的区域电子商务及物流枢纽。阿里巴巴集团、菜鸟网络、Lazada 及 Pos Malaysia 之项目，在 2017 年年底前推出，并于 2019 年年底前正式运作。

阿里巴巴集团的云计算业务阿里云亦将在马来西亚打造云平台，通过大数据及物联网等技术，协助中小企业在数字时代取得成功。阿里云并将推出"阿里云安全专业"认证计划，向马来西亚初创企业提供支持，协助培训人才，支持当地互联网相关产业的生态系统。

蚂蚁金服、联昌国际银行及马来亚银行将在马来西亚探索电子支付及融资服务方面的合作机会，初期将聚焦中国入境旅客以及推动马来西亚中小企业的贸易。

三、eWTP 在中马之间开通第一条"数字之路"

2017 年 5 月 12 日，马来西亚数字经济发展局、杭州市政府和阿里巴巴集团三方签署合作备忘录。eWTP 全球两大 e-hub——马来西亚数字自由贸易区和中国（杭州）跨境电子商务综合试验区正式开启互联互通。杭州至马来西亚，这条自古以来连接中国和世界的贸易航线，即将成为 eWTP 在全球开通的第一条"数字之路"。

根据备忘录，三方希望借助阿里巴巴集团的互联网技术和大数据力量，构建无缝的跨境电商贸易，例如马来西亚政府与杭州市将加强海关通关、检验及许可等方面合作，探索贸易便利化和政策创新，为中马两国中小企业参与全球贸易创造更多便利。

具体合作方案及进展有：（1）阿里云将于马来西亚成立数据中心，为当地企业提供强大、可扩展，同时具有成本效益的云端服务，支持企业扩展全球业务；计划中的数据中心将成为马来西亚首个国际化公有云平台。（2）菜鸟网络及 Lazada，与马来西亚邮政合作建立区域电商分拣中心，2017 年投入运营。（3）蚂蚁金服将杭州"无现金社会"的建设经验复制到马来西亚，截至 2017 年 5 月，马来西亚中央银行已批准六家大型银行受理支付宝。

四、eWTP 海外首个 e-hub 在马来西亚正式启动

2017 年 11 月 3 日，阿里巴巴集团于马来西亚宣布，eWTP 项目的海外首个 e-hub 在马来西亚正式启动。阿里巴巴集团从电子商贸平台、物流、云计算、移动支付到人才培训等多方面的基础设施，正在助力马来西亚中小企业提升跨境贸易竞争力。

eWTP 的各项举措包括：在阿里巴巴集团的 B2B 电商平台 Alibaba.com 上推出马来西亚馆，向全球买家推广优质的马来西亚产品。阿里巴巴集团建立的"一站式"电子跨境贸易服务平台，专注为马来西亚中小企业提供国际贸易整体解决方案，服务范围包括市场推广、通关、简化许可证申请和报税服务流程等，重点是出口便利化支持。

阿里云马来西亚数据中心于 2017 年 10 月 30 日开服。该数据中心是马来西亚第一个本地公有云平台，可使马来西亚企业得以将自己的业务和应用建立在强大、可靠和安全的本地云平台上。

人才培训方面，来自马来西亚多所高校超过 1000 名学生已经接受了 B2B 电商课程培训，近 140 名教职人员完成 Train the Trainers 培训课程。

2017 年 11 月 3 日，马来西亚机场控股集团和菜鸟网络共同宣布，双方成立合资公司，并为合资公司负责发展的区域电商物流中心举行奠基仪式。该设施将实现快速的存储、配送、通关和仓储运营。

阿里巴巴集团在马来西亚的 eWTP 商业实践呈现出以下特点：

第一，利益相关者包括阿里巴巴集团及控股公司、马来西亚政府、杭州市政府、马来西亚数字经济发展局及其他当地的机场、邮政和银行等企业。

第二，东道国政府及国家领导人亲自倡导和介入，提供了最大的政治支持。中国杭州市政府同样也提供了政治资源支持。

第三，项目合作满足了双方的利益诉求。对阿里巴巴集团而言，这是 eWTP 在马来西亚的商业实践，其成功将极大推动 eWTP 在其他国家的落地；对马来西亚而言，这是其数字自由贸易区的重要组成部分，其成功将助力马来西亚数字经济和经济社会的发展。

第四，合作是双方共建的主导方式。项目涉及众多的商业主体，这些商业主体之间主要通过多种多样的合作方式联结起来，逐渐形成一个共同发展的商业生态系统，即全球商业利益共同体。

第三节　公司外交构建价值共同体

公司外交在本案例中主要有两种方式：一是马云的企业家公共外交；二是阿里巴巴集团在杭州主办的线上线下"马来西亚国家周"。

一、企业家公共外交

企业家公共外交是以公司创始人和最高管理者为主体，以国际组织与外国政府官员、外国社会精英和大众媒体为对象，以公司商业经营及相关国际关系为主要内容，以面对面沟通交流为主要方式的公共外交行为。

在中国企业家中，马云的公共外交活动具有以下特点：

第一，双重身份。第一个身份是商业的，阿里巴巴集团董事局主席；第二个身份是联合国的，联合国贸易和发展会议青年创业和小企业特别顾问。第一个身份决定了马云的公共外交是以公司外交为主要内容的，第二个身份决定了马云比其他企业家拥有更多更合适的公共外交载体和渠道。

第二，到访的国家和地区数量多。仅 2016 年 10 月至 2017 年 10 月，马云就飞行了 800 多个小时，访问了 33 个国家和地区。

第三，以国际组织官员和外国国家元首、政府首脑为主要交往对象。联合国及专门机构、世界贸易组织、二十国集团、世界经济论坛等国际组织官员，以及包括美国总统在内的多国总统、总理，都是马云的交往对象。这些有政治地位和影响力的人物，决定了马云的公共外交将更有成效。

第四，以 eWTP 倡议及其推进为主要交流内容。自从倡议提出之后，

eWTP就成为马云对外交往的核心议题。无论是商业实践还是规则创制，eWTP需要得到更多国家的认可和加入，需要规则制定类国际组织的认可并列入议程。因此，在今后相当长的时间内，eWTP仍然是马云对外交往的核心议题，只是主要内容从原来的单纯倡议转为现在的倡议及其进展，即eWTP在中国、马来西亚、卢旺达和比利时的商业实践的传播。

第五，"三角外交"与国际组织外交并举。阿里巴巴集团与杭州市政府、马来西亚政府及企业之间的交往是一个完整的"三角外交"案例，其中政府—政府的交往与合作发生在杭州市政府与马来西亚政府之间，公司—政府的交往与合作发生在阿里巴巴集团与马来西亚政府之间，公司—公司的合作发生在阿里巴巴集团及控股关联公司与马来西亚若干家公司之间。与此同时，阿里巴巴集团还积极主动开展国际组织外交，主要交往对象是二十国集团、联合国、世界贸易组织、世界经济论坛等。前者的目的是推进商业实践，后者的目的是创制规则。

第六，公司外交取得阶段性成果并预期可取得更多的成果。阿里巴巴集团与马来西亚的eWTP合作项目已正式运营，与卢旺达、比利时的合作已签署备忘录并在推进中，与其他国家的合作正在沟通谈判过程中。eWTP已于2016年写入《二十国集团领导人杭州峰会公报》，eWTP、世界贸易组织和世界经济论坛于2017年年底共同发起"赋能电子商务"长期对话机制，并在2018年达沃斯世界经济论坛上举办了首场活动。这是阿里巴巴集团公司外交取得的阶段性成果，在此基础上可以预期，阿里巴巴集团在eWTP推进上将取得更多的成果。

二、主办线上线下的"马来西亚国家周"

2018年7月6日至12日，阿里巴巴集团举办了"马来西亚国家周"。

主要活动由线上线下两个部分组成，包括：（1）天猫上超过 50 个马来西亚品牌推出特别优惠。（2）在杭州嘉里中心设有快闪展示区，带来多款马来西亚产品。（3）在杭州香格里拉饭店举办"马来西亚美食节"。（4）在飞猪上，超过 30 个马来西亚旅行商家推出多项旅游产品及服务的优惠。（5）阿里巴巴集团 B2B 举办线下商业配对活动，将 17 个马来西亚商家与 100 多个中国进口商联系起来。（6）阿里巴巴集团 B2B 为马来西亚的全球金牌供货商举办名为"July on Demand"的推广活动。

这是一系列马来西亚商品的推广活动：阿里巴巴集团是主办方，面向中国（以杭州市为重点）及多国消费者，以推广马来西亚产品为主要内容，同时采取线上线下的方式。这也是一项公共外交活动，因为商业尤其是特色商品是原产地国家文化的载体或组成部分，因此，推广某国特色商品的过程自觉或不自觉地传播了该国的文化，而文化传播就是公共外交的内容和方式之一。

与中国通常的公共外交活动相比，"马来西亚国家周"具有以下特点：（1）由中国企业主办，传播马来西亚文化。通常的中国文化传播类公共外交活动由中国官方机构和民间机构主办，以传播中国文化为主要内容。（2）以商品为载体传播文化。这不同于通常的直接传播文化的方式。（3）线上线下同时进行。通常的中国文化公共外交大多数是在线下进行的，也有少数是在线上进行的。

我们期待，随着 eWTP 商业实践的不断推进，今后阿里巴巴集团将会主办"卢旺达周"和"比利时周"等。如果这类活动也在马来西亚、卢旺达和比利时主办的话，其公共外交效果将会更好。

第四节　创制规则构建责任共同体

全球电子商务规则包括某个国家内部的规则和国际规则，国际电子商务（也称电子贸易）规则的创制正在进行中，创制方式有国际组织（主要是世界贸易组织）主导和阿里巴巴集团的 eWTP 倡议及推进。

一、世界贸易组织近年来就电子商务规则的探讨（卢先堃，2018）

世界贸易组织早在 20 世纪 90 年代就开始了有关电子商务的探讨，1998 年通过了一份《电子商务工作计划》，要求其下属四个机构（服务贸易理事会、货物贸易理事会、知识产权理事会以及贸易与发展委员会）分别探讨现有规则与电子商务之间的关系。此后，世界贸易组织部长级会议多次审议相关工作并做出了部长决定。除了同意保持对电子传输免征关税外，部长们还一再呼吁继续相关工作计划并定期进行审议。

2015 年 12 月，在肯尼亚内罗毕举行的世界贸易组织第十届部长级会议之后，世界贸易组织成员对电子商务的兴趣不断增强，之后多个成员分别提交了 10 余份提案，涵盖了电子商务定义、关税适用性、透明度、监管框架和"数字鸿沟"等广泛领域。

2017 年，在阿根廷布宜诺斯艾利斯举行的第十一届部长级会议的最后筹备期间，15 个成员成立了一个名为"电子商务发展之友"的非正式小组，认为电子商务是推动经济增长的重要工具，并承诺推动制定全面的数字贸易政策的谈判议程。在当年 12 月召开的部长级会议上，44 个成员（欧盟作为一个成员计）发表了关于电子商务的联合声明，承诺将共同推进世界贸易组织电子商务工作，并推动世界贸易组织的相关谈判。

之后，以上述 44 个成员为主，世界贸易组织成员在日内瓦开始了有关电子商务规则谈判的诸边磋商，包括中国在内的未签署联合声明的成员也参加了有关磋商。目前，这些磋商仍只是"探索"性质，并未进行到起草诸边协定的阶段。成员已经分别就"数字贸易和便利化""消费者和企业信任""市场开放，包括数据开放和流动""包括发展合作在内的跨领域问题等"进行了讨论。

但是，包括美国、欧盟和中国在内的主要成员之间在谈判内容、法律框架以及今后是否对其他成员开放等方面仍存在重大分歧，为未来启动谈判投下了阴影。

在谈判内容上，2018 年 4 月 12 日，美国提出了在谈判中需要解决的七大议题：信息自由流动、数字产品的公平待遇、保护专有信息、数字安全、促进互联网服务发展、建立竞争性电信市场以及贸易便捷化。而包括欧盟在内的其他成员则认为，讨论应当从各方容易达成一致的事项出发，比如电子签名和透明度等，以后再寻求在其他难点问题上的突破。

在法律框架上，由于电子商务的跨领域性质，有关成员尚无明确意见，例如是在《关税与贸易总协定》《服务贸易总协定》或《贸易便利化协定》等相关协定下增加有关减让或承诺，还是单独制定一个有关电子商务的协定。

在今后是否对其他成员开放上，中国强调应维持谈判的多边性和开放性，允许其他成员加入，但美国等成员对此持不同态度。

此外，印度、南非以及非洲各国等则强调，在没有完成多哈回合谈判之前，不同意开展任何新议题的谈判，包括电子商务、投资便利化等。

二、中国的参与和挑战

2016年11月4日，中国政府向世界贸易组织提交了旨在促进第十一届部长级会议上电子商务议题的谈判方案。中国提出的具体谈判文本要点包括：

第一，创造一个良好的贸易政策环境促进跨境电子商务。主要包括对 B2B 和 B2C 交易的跨境电子商务提供更为便利待遇的吸引性和可行性，探讨如何对进出口和过境货物采用简化的边境措施。主要内容是呼吁确定一个有资格适用此种简化关税措施的产品清单，研究 B2C 模式下货物退税的实施办法；澄清适用于被退货物的政策，包括税收政策；提供简化、快速的清关、检验和检疫程序；允许在其他成员方建立以分销为目的的保税仓库，并尽可能提供海关程序和关税征收的便利。

第二，建立跨境电子商务交易平台。为此应交换有关常规措施和程序的信息，促进无纸化贸易以及贸易便利化，包括利用电子商务单一窗口。建议提升跨境电子商务的基础设施和技术条件，对有关数字证书、电子签名和电子认证的政策交换信息，促进对数字证书和电子签名及其在跨境电子商务中使用的相互认可。

第三，促进跨境电子商务政策框架的透明度。应公布与跨境电子商务相关的法律、法规和行政措施，并向世界贸易组织告知其公布的官方网址，尽可能向世界贸易组织提供有关信息。通过互联网公开和定期更新跨境电子商务特别是 B2C 模式下的货物进出口程序。对其他成员提出的相关询问应给予答复。

但是，中国在禁止数据本地化、跨境信息自由流动以及源代码保护等方面，与美国等其他成员仍存在重大分歧。最近中国常驻世界贸易组织大使张向晨在世界贸易组织发言时强调，世界贸易组织有关电子商务规则的磋商中应确保其"与贸易相关"的授权，相关谈判成果应"有利于发展"，并维持"开放、透明和包容性"。为此，中国和其他成员应做出努力，相向而行，尽快弥合他们在相关问题上的分歧。

根据有关消息，世界贸易组织主要成员在 2019 年达沃斯世界经济论坛期间，即 1 月 25 日召开部长级早餐会时，正式启动电子商务规则的诸边谈判，并争取在 2020 年 7 月于哈萨克斯坦首都阿斯塔纳举行的世界贸易组织第十二届部长级会议前取得成果。

这是用传统国际贸易规则创新方式来制定新兴的电子商务国际规则。与此不同的是，阿里巴巴集团提出并推进的 eWTP 是采用新的国际规则创制方式来制定国际电子贸易的国际规则，可称其为"阿里方式"。这种方式具有以下创新的特点，见表 2（田静，2018）：

表 2　传统国际贸易规则与 eWTP 的差异

差异	传统国际贸易规则	eWTP
产生背景	工业信息时代	数据时代
参与主体	各国政府部门 官方国际组织	全球利益攸关方（非官方、多方）
组织方式	正式组织	全球性平台
主要内容	货物、服务、投资、规则	基于互联网的货物、服务、 知识产权、跨境贸易、数据流动等
谈判 / 合作方式	成员确定、封闭式谈判 对传统规则渐进式完善 各国利益的博弈和交换 形成规则，后作用于商业	开放性、透明性、公平性 颠覆式创新与改革 利他利己、共创共识 商业先试引领规则创新

（续表）

差异	传统国际贸易规则	eWTP
法律效力	强约束性	引导性、后约束性
时效性	周期谈判、进程缓慢	积极研讨、快速传播
受益群体	发达国家、大型企业	小微企业、消费者、平台

"阿里方式"除商业实践、公司外交外，具体的规则创制行动主要有三类：

1. 以研究为基础。2014 年年底，马云提出 eWTO 概念。阿里巴巴集团的阿里研究院开始启动相关研究工作，在听取多方意见之后，把 eWTO 改为 eWTP，突出"平台"，并显现出与世界贸易组织的相容关系（与阿里跨境电子商务研究中心主任欧阳澄的访谈，2018 年 9 月 3 日于北京）。

2017 年 3 月，阿里研究院系统回顾了 eWTP 提出的背景、发展历程、基本内涵和社会反响，并展望未来全球贸易趋势，发布《世界电子贸易平台倡议（eWTP）2017 年度报告》。

关于 eWTP 的基本内涵，该报告指出：根据二十国集团工商峰会共识，eWTP 是一个私营部门引领、市场驱动、开放透明、多利益攸关方参与的公私合作平台，旨在探讨全球数字经济和电子贸易的发展趋势、面临问题和政策建议，分享商业实践和最佳范例，孵化和创新贸易新规则和新标准，推动全球数字经济基础设施建设，共同促进全球经济社会普惠和可持续发展。因此，eWTP 是：一个共创治理规则的平台、一个交流最佳实践的平台、一个建设未来设施的平台、一个追梦普惠贸易的平台。

我们设想，eWTP 生态体系将包括三个层次的内容：第一，规则层。各利益相关方共同探讨和孵化数字时代的新规则、新标准，如与电子商务直接相关的数字关境、税收政策、数据流动、信用体系、消费者保护等。第二，商业层。各相关方开展与数字经济和电子商务领域的商业交流合作，建立互联网时代的新型基础设施，如电子商务平台、金融支付、物流仓储、外贸综合服务、市场营销、教育培训等。第三，技术层。共同建立以互联网、大数据和云计算、物联网、人工智能等为基础的 eWTP 技术架构。这三个层次密切相关、互为依托。规则层的讨论内容主要来自商业层和技术层的实践，其成果和共识又会促进数字经济商业合作和新技术的创新发展。

2. 以国际组织为重点。世界贸易组织、世界经济论坛等国际组织是全球商业规则标准制定的重要机构。阿里巴巴集团和阿里研究院参与了多次上述国际组织主办或组织的论坛和工作组工作。

3. 搭建交流合作网络。2017 年，eWTP 官方网站开通，这是一个所有机构和人士都可以参与的关于 eWTP 的交流、讨论、研究的网络平台。

据介绍，世界贸易组织、联合国贸易和发展会议、国际商会、世界海关组织、万国邮政联盟等许多以前专注于全球贸易的机构正致力于促进电子贸易。但是，没有一个论坛可以把这些围绕电子贸易的不同努力结合起来，也没有一个论坛可以把各种不同的私人和公共的观点汇总起来，例如中小企业、监管实体、供应商、消费者协会、行业协会、商业中介组织等，使这些组织能够评估现有的法规和最佳做法，并孵化和倡导促进电子贸易的规则。

eWTP 的职能是评估电子贸易在促进中小企业参与全球价值链方面的社会和经济价值。eWTP 将在行业标准和规则、规章和海关程序的简化、消费者保护的演变、降低关税、统一税收、发展互联网和物流基础设施、便利货物、金融和数据流动等方面孵化发展电子贸易的规则。eWTP 将确定和分享最佳做法，例如建设有效的基础设施，如跨境电子贸易中心和试验区、智能物流、信贷支付和对新兴市场的技术援助，以期影响政策制定和促进包容性电子贸易。

eWTP 的特色是公开、透明和非营利性的。它将协调以中小企业为重点和以贸易为重点的相关国际组织、政府和支持者的投入，并与之合作，以评估和倡导发展跨境电子贸易的条件和孵化规则，包括 B2B 和 B2C。eWTP 将与所有相关的利益攸关方合作，包括但不限于中小企业和商业部门、政府、以中小企业为重点的组织、国际组织（如世界贸易组织、联合国国际贸易中心、联合国贸易和发展会议、国际商会、世界海关组织等）、行业协会、商业中介组织、消费者协会、学术界、社区等。

eWTP 的行动将促进公私对话以改善商业环境，并在一些关键领域酝酿未来的跨境电子贸易规则，包括简化法规和标准、统一税收。eWTP 将与世界贸易组织等国际组织合作，以便优先考虑电子贸易发展需求，并加强世界贸易组织《贸易便利化协定》中的电子贸易条款。

eWTP 的目标是通过推进电子贸易基础设施建设和采用跨境电子贸易试验区等最佳做法，促进电子贸易和数字经济的发展，以解决中小企业特别是发展中国家中小企业面临的突出问题。

第五节　构建世界电子贸易共同体

从 eWTP 倡议提出至 2018 年年底，不到三年的时间，eWTP 不仅取得了商业实践方面的实质性进展，而且在创制国际规则方面开局顺利，奠定了下一步发展的基础。这可以说是"空前"的。我们认为，eWTP 是全球商业共同体理论的重要实践场景和素材来源，全球商业共同体理论也可以为 eWTP 的未来发展提供新的思路和方向。具体而言，我们有以下建议：

第一，把 eWTP 更名为 eWTC（世界电子贸易共同体）。"平台"一词起源于双边或多边市场理论，强调的是平台企业同时为双边或多边市场提供服务，双边或多边市场之间存在的"外部性"推动平台企业的发展。这主要是一个描述市场环境中的市场利益相关者之间关系的概念。"共同体"的含义更为广泛和多样，全球商业共同体不仅包括市场利益相关者，而且包括非市场利益相关者和国际组织，这正是 eWTP 所涉及的利益攸关方。

第二，加强研究，为商业实践与规则创制提供智力支持。阿里研究院 2015—2017 年曾专项研究过 eWTP，2017 年 3 月还发布过专题研究报告。但之后，随着商业实践的推进，这些研究工作停止了。我们认为，研究工作应该恢复并加强。不仅要研究 eWTP 的理论性、规则性问题，而且要研究商业实践的案例，总结经验，提出新思路；不仅要在阿里巴巴集团和阿里研究院内部开展研究工作，而且需要与东道国、国际组织的智库机构开展合作研究。研究工作的广度和深度将决定商业实践和规则创制的有效程度。

第三，坚持"三条主线"协调发展。双边合作商业实践、企业家为主体的公司外交、通过国际组织创制规则是 eWTP 发展的三条主线，实践证明，这是有效的途径和方式。今后应坚持"三条主线"，提高协调配合程度，争取获得更大的成效。

第四，继续加强和扩大人才开发。人才开发是 eWTP 发展的基础，阿里巴巴集团已经开展了这方面的工作。今后，还应继续加强和扩大。不仅开发商业实践需要的人才，而且要开发公司外交和国际规则创制需要的人才。

第五，开展网络型公司外交活动。先把"马来西亚国家周"的方式扩展到已建立商业合作关系的其他国家，再在东道国之间开展类似的公司外交活动，例如在马来西亚主办"中国周""卢旺达周"，在卢旺达主办"比利时周"，在比利时主办"马来西亚周"等。进而形成公司外交全球网络，既有助于商业实践的推进，又可推动多国民众之间的"民心相通"。

第六，与已建立商业合作的东道国政府合作，推进国际规则创制工作。eWTP采取的私人机构牵头创制国际规则的方式，在双边的情形下可获得较快的进展。但把这些双边规则上升到国际规则层面，还需要国际组织的认可。在这方面，与已建立商业合作关系的东道国政府合作，发挥东道国政府参与国际组织创制国际规则的作用至关重要。

参考文献

卢先堃《国际电子商务规则的发展和机遇》，第四届全球跨境电子商务大会，浙江金华，2018年12月21日。

田静《构建eWTP的功能定位与战略思路》，浙江大学硕士专业学位论文，2018年。

第十三章

国际太阳能中心

　　联合国工业发展组织国际太阳能技术促进转让中心（简称"国际太阳能中心"）于 2005 年 12 月成立，总部设在中国兰州，依托甘肃自然能源研究所，主要从事可再生能源特别是太阳能技术的研究与应用、国内外技术合作与培训、技术咨询与交流、新产品研发与测试、太阳能技术促进与转让。国际太阳能中心是联合国与中国政府合作成立的专业性国际组织，是唯一将总部设在中国的联合国专门机构，也是唯一的全球性太阳能技术促进转让机构。

　　国际太阳能中心的宗旨是：将太阳能等可再生能源技术促进转让与改变能源结构、加强节能减排、影响气候变化相结合，推动南南合作，促进全球特别是发展中国家的经济社会可持续发展；立足发展中国家，面向全球，消除贫困，维护和提高能源安全，共同推进联合国千年发展目标，促进人类和平、发展与繁荣。

　　本案例以甘肃自然能源研究所为分析单元，以国际组织落户、合作和创设为主线，介绍并分析该所在拥有强大的太阳能科技优势的基础上，争取中国政府的外交支持，实现联合国机构落户中国兰州；该所与国际太阳能中心在继续提升太阳能技术优势的同时，广泛地与 10 多家国际组织开展多种方式的合作；在以上科技硬实力和国际组织交往软实力的基础上，国际太阳能中心正在探索创设新的国际组织。

虽然甘肃自然能源研究所不属于本书关注的中国企业范围，但它与国际组织之间的关系是一个值得中国企业学习和借鉴的案例，况且我们在中国企业中还没有找到类似的案例。因此，我们把本案例作为本书的结尾案例。

第一节　以强大领先的科技优势争取国际组织落户

甘肃自然能源研究所1978年成立，在中国率先开展太阳能技术的研究、开发和产业化，并一直处于国内领先的地位。

1998年8月，甘肃自然能源研究所举行建所20周年庆祝活动。期间，全国政协副主席、中国科学院主席团名誉主席、著名科学家卢嘉锡先生，全国政协副主席、两院院士、中国工程院院长宋健先生，著名科学家王淦昌先生等分别题词祝贺；国际太阳能学会主席戴维·梅尔森博士专门致长信表示祝贺；同时，分别收到国家科学技术部等六大部委、有关学术团体，21个省／自治区／直辖市的有关科研机构和大专院校、企业，中国科学院所属16个研究所（含中心和重点实验室），中国南南合作网部分成员单位，甘肃省政府有关部门，兰州市政府，美国、以色列、法国、澳大利亚、加拿大、巴基斯坦、日本等32个国家的有关机构和大学、学术团体，联合国开发计划署、工业发展组织等国际组织，以及一些著名科学家、部分朋友、同人的贺电共192份。第七届"国际太阳能应用技术培训班"18个国家的26名代表亦参加了20周年庆祝活动座谈会和学术交流活动。

在科学研究方面，甘肃自然能源研究所已取得科研成果160多项，其中国家和省部级以上各种奖励32项，《被动式太阳能建筑技术的研究》

获国内此专业唯一的国家科学技术进步奖；获专利多项；出版专著及大型专业工具书15部，在国内外刊物及国际会议发表论文290多篇。

在技术推广方面，甘肃自然能源研究所举办了国内太阳热水器、太阳灶、太阳房、太阳能光电技术、节能、省柴节煤灶炕等培训班70多期，学员达1万余人次；在国家商务部、科学技术部、外交部及联合国等的支持下，1991—2008年举办"国际太阳能应用技术培训班"28期，为五大洲的104个国家培训太阳能技术人才800余名。

在国际交流方面，甘肃自然能源研究所与联合国等国际组织及国家有关部委、高等院校和科研机构一起承办国际太阳能等可再生能源学术会议、论坛12次；截至2008年年底，先后有210余名国际著名专家来该所讲学或技术交流；有110多个国家的政要（含9位总统和议长、数百位部长或部长级领导人）、使节、专家计3200余人次前来参观访问。

世界太阳能的先驱、国际太阳能学会原主席乔治·洛夫教授1983年在甘肃自然能源研究所讲学后留言："……你们的工作取得了很大进展，你们已经在这里建起了一个太阳能示范基地。我确信，这个基地将对太阳能事业的发展起到世界中心的作用。"美国国家太阳能研究所原所长、"世界地球日"组织委员会主席丹尼斯·海斯博士于1984年访问后写道："中国人民幸运地有这种良好的条件和这样一批有献身精神的专业人员。我确信，你们的太阳能基地将被证明是有价值的，有助于国家的，它将对全人类太阳能利用事业做出巨大的贡献。"

到2005年，甘肃自然能源研究所在太阳能科学研究、技术开发和产业化方面不仅在中国处于领先地位，在国际上也有相当大的影响力。2005年10月12日至13日，甘肃自然能源研究所承办的发展中国家国际太阳能适用技术研讨会在中国兰州召开，来自非洲和亚洲的 23 个国家以及来自联合国工业发展组织、联合国开发计划署南南合作特设局的 126 名代表出席，共同发表了《国际太阳能技术合作兰州宣言》，并一致呼吁支持在兰州成立"联合国工业发展组织国际太阳能技术促进转让中心"。

联合国工业发展组织经过一年多的调查、谈判、论证、研究，正式批准同意在甘肃自然能源研究所（亚太地区太阳能研究与培训中心）的基础上成立"联合国工业发展组织国际太阳能技术促进转让中心"。2005 年 12 月 1 日，联合国工业发展组织代表和中国政府代表在审批执行的文件上签字。

国际太阳能中心的建成非常有益于与联合国工业发展组织机构下的现有其他国际技术中心共同工作，协同作战；有利于根据不同国家的技术水平和经济条件促进太阳能技术的广泛推广和应用；有利于开发南南合作和南北合作，加速该技术在发展中国家的传播，还会给太阳能技术领域的国际合作提供实质性支持，有助于交流和分享最好的技术、商业化措施和各种有效的管理经验；有利于世界和平与可持续发展。

甘肃自然能源研究所能够争取到联合国专门机构落户，主要原因有：（1）该所自身在太阳能科学技术领域拥有的强大优势。（2）中国政府的大力支持，尤其是外交部门的直接支持。（3）该所承担的联合国工业发展组织项目业绩突出，获得其肯定和信任。（4）该所 1991 年开办的"国际太阳能应用技术培训班"发挥了科技外交的作用，其学员所在国家支持国际太阳能中心落户中国。

2006 年 3 月，联合国工业发展组织总干事坎德赫·云盖拉博士出席国际太阳能中心启动暨揭牌仪式后，留言道："今天国际太阳能中心项目的启动标志着联合国工业发展组织与中国共同促进可再生能源事业合作伙伴关系的开始。"

第二节　与国际组织开展建立广泛多样的合作关系

国际太阳能中心正式成立后，采取与甘肃自然能源研究所深度合作的方式开展工作。除在太阳能科学技术领域继续保持并扩大优势外，国际太阳能中心还广泛地与各类国际组织建立多样化的合作关系，并把业务扩展到可再生能源和可持续发展领域。

国际培训方面，除继续做好"国际太阳能应用技术培训班"外，还开展了其他各类国际培训班。以 2015 年为例，国际太阳能中心与甘肃自然能源研究所共同完成了中国商务部主办的不同语种、不同专业的国际技术培训班、管理官员研修班及部长级研讨班共七期，分别为"2015 年发展中国家太阳能应用管理官员研修班""2015 年发展中国家太阳能应用技术培训班""2015 年马尔代夫太阳能应用管理官员研修班""2015 年发展中国家太阳能开发利用部长研讨班""2015 年吉布提地热能源开发利用培训班""2015 年发展中国家风力发电技术培训班""2015 年肯尼亚能源矿产开发利用技术培训班"，为 41 个国家培训可再生能源专业技术和管理人才 180 名。其中"2015 年发展中国家太阳能开发利用部长研讨班"是首个部长级官员研讨班，"2015 年马尔代夫太阳能应用管理官员研修班""2015 年吉布提地热能源开发利用培训班"和"2015 年肯尼亚能源矿产开发利用技术培训班"为双边培训班，其他的均为多边培训班。不丹、乌克兰、巴拿马、多米尼克、捷克等国首次派人员参加太阳能风能技术培训以及研讨。截至 2015 年，国际太阳能中心已经承办了英语、法语、俄语、阿拉伯语国际太阳能风能培训班 62 期，为 120 多个国家培养了近 1500 名学员。

国际太阳能中心与国际组织的合作是从上海合作组织开始的。2006 年 6 月 23 日至 25 日，在上海合作组织成立五周年之际，由商务部中国国际经济技术交流中心和科学技术部国际合作司及甘肃省科学院主办，国际太阳能中心（甘肃自然能源研究所）承办的中亚地区国际太阳能应用技术研讨会于兰州举行。除各主办单位和上海合作组织成员国吉尔吉斯斯坦、俄罗斯、塔吉克斯坦、乌兹别克斯坦的代表及观察员国代表、非洲国家代表应邀出席会议外，国家能源领导小组办公室、中国科学技术协会、中国科学院、中国工程院、中国人民对外友好协会、中国资源综合利用协会可再生能源专委会、中国可再生能源学会（原中国太阳能学会）、清华大学、上海交通大学、兰州大学、兰州理工大学、兰州交通大学、航天部 510 所及甘肃省政府等有关部门、学术团体、科研院所，以及企事业单位代表、专家学者和企业家代表共计 80 多人也应邀参加了会议。与会代表就研究、开发、利用可再生能源，特别是太阳能领域所取得的科研成果、经验及所面临的诸多问题和挑战进行交流；探讨中亚地区太阳能技术合作与经贸合作的新途径；共商解决、推广利用太阳能所遇到的各种困难和问题；同时分享各自所取得的成果和经验，共同为保护中亚地区的生态、减少环境污染和社会、经济的可持续协调发展，为中亚地区乃至全球的能源安全与和平做出贡献。

据官方网站介绍，国际太阳能中心的国际合作伙伴共 17 家，除 2 家美国机构外，其他都是国际组织，它们分别是：联合国工业发展组织、联合国开发计划署、联合国教科文组织、联合国环境规划署、联合国亚洲及太平洋经济社会委员会、联合国大学、世界银行、亚洲开发银行、全球环境基金、国际能源机构、国际太阳能学会、可再生能源和能源效率伙伴关系计划、美国国家可再生能源实验室、美国能源部能效与可再生能源办公室、国际可再生能源机构、世界能源理事会、世界风能协会。

以上合作领域，除太阳能技术外，还扩展到可再生能源、环境保护以及可持续发展等多个新兴前沿领域。合作方式多种多样，包括联合培训、合作/委托研究、合办国际会议、新设机构等。

以与联合国大学合作为例。2015年4月11日，时任国家科学技术部国际合作司司长靳晓明、联合国工业发展组织高级顾问梁丹、联合国大学高级顾问梁洛辉及海亮集团副校长谢劲等一行应邀访问国际太阳能中心并出席联合国大学国际可再生能源技术学院项目筹备会。会议由国际太阳能中心主任喜文华主持，讨论明确了学院成立近期的各项工作安排。靳晓明表示，国际太阳能中心已经与联合国大学有着良好的合作基础，未来全球发展的重点领域仍将是新能源，联合国大学国际可再生能源技术学院项目作为一个成功的国际合作典范，有着很好的前瞻性和代表性，科学技术部将积极支持推进学院的成立。

2015年5月26日，靳晓明与联合国大学校长大卫·马洛、副校长布莱恩·邦德、国际太阳能中心（甘肃自然能源研究所）代表、海亮生态农业集团代表、国际项目专家组一行在国家科学技术部召开了联合国大学国际可再生能源技术学院可行性研究启动会。靳晓明肯定了中国与联合国大学及其直属研究所在能源、资源、环境、生态和科技政策等方面开展的一系列合作，随后与会各方就联合国大学章程及联合国大学国际可再生能源技术学院建立可行性研究任务书的相关内容进行了讨论。

2016 年 11 月 19 日，青岛市政府与联合国大学、中国科学院大学举行《共建联合国大学国际可再生能源学院合作备忘录》签约仪式，确定将联合国大学国际可再生能源学院落户青岛。联合国大学国际可再生能源学院将开展政策研究、可再生能源技术开发和利用、研究生培养、知识转化和国际交流合作等项目，并不断汇集国内外专家学者，打造一个多元化智库平台，为中国以及其他发展中国家在可再生能源领域的科学攻关和政策制定提供智力支持。

第三节　探索创设新的国际组织和联盟

国际太阳能中心在与国际组织合作的同时，还在积极探索创设新的国际组织和联盟，适应全球化时代对合作的客观需要，并主动参与全球科技与经济治理。

2011 年 11 月 29 日，国际太阳能中心主任喜文华就筹备成立世界太阳能联盟的进展等情况接受了新华社和《人民日报》《光明日报》《科技日报》，以及中新社等驻甘肃记者的采访。

喜文华说，国际太阳能中心将积极发挥国际组织和太阳能等可再生能源专业研究机构的作用，世界太阳能联盟筹备工作开展一年多来，得到国际社会的广泛认可与支持，已与 20 多个国家的能源部长和 30 多个国家的专家、学者、企业家及许多有关国际组织、研发机构、企业进行了接触交流和洽谈。该联盟将以发展中国家为基础，吸纳全球所有与太阳能研发、装备制造、推广应用有关的机构、企业及非政府组织等参加。其宗旨是：介绍和宣传各国在太阳能方面的研究水平、政策标准、技术产品，推广利用太阳能技术及太阳能技术培训、技术交流，促进转让和项目合作等；推动中国的太阳能企业走向世界；促进中国太阳能研发机构与国际相关机构的交流与合作；把国际先进的太阳能技术引入中国，并通过引进—吸收—再创新后推介到其他所需要的国家或地区；发挥太阳能技术在南南合作与南北合作中的作用；举办各种有关的会议、论坛及展览；建立太阳能的有关数据库；向全球发布有关信息并出版太阳能年度报告等；广泛推动太阳能的开发与利用以减缓或影响全球气候变化，推动节能减排；提高中国在全球可再生能源领域和气候变化舞台上的话语权和影响力。

2012 年 12 月 23 日，中国绿色能源产业技术创新战略联盟在南京成立，国际太阳能中心主任喜文华担任联盟理事长。该联盟的宗旨是：以技术创新为纽带、以契约关系为保障，有效整合政、产、学、研、行、用、金等多方资源，通过共同研究和示范实践，形成具有自主知识产权的能源互联网产业标准和技术成果，推动能源微网系统技术的产业化运用，带动产业技术升级和结构转型，提高绿色能源利用率和能效系统管理技术水平。联盟理事主要由国内外行业知名企事业单位和极具成长性的创新团队组成。

2015 年 6 月 15 日至 16 日，2015 第五届全球分布式能源及储能（中国）峰会在北京国家会议中心举行。国际太阳能中心主任喜文华出席，并在 16 日下午主持了中国能源互联网产业技术联盟发布会。中国能源互联网产业技术联盟由国际太阳能中心、清华大学、中国电信、协鑫集团、中国民生投资集团、中国核工业集团、天合光能、双登集团、正泰集团共同倡导成立，以推动中国能源互联网产业技术进步为己任，旨在为国家电力体制改革释放出的能量空间及多种可再生能源耦合互补的能源微网系统建设做基础支撑。

第四节　对中国企业的启示

对绝大多数中国企业而言，加入国际组织并发挥作用，与国际组织交往与合作，尤其是创设新的国际组织，是一个重要但有所忽视、缺乏经验和能力的新课题和新挑战。"一带一路"倡议作为全球治理模式的新探索，要求作为主体的中国企业拥有与国际组织交往与合作的能力。目前，只有少数优秀的中国企业（如华为）具备这方面的经验和能力，但由于学界对此关注严重不足，没有投入资源研究总结这些经验，也就很少有这类论著供企业界学习和借鉴。大多数中国企业或者忽视与国际组织的交往与合作，或者有意愿但缺乏能力，或者付出过大而收效一般。我们由于没有找到合适的中国企业案例，只能在此介绍中国科研机构的案例。其思路和做法对中国企业而言还是具有学习和借鉴价值的。

第一，中国企业应在市场环境中拥有较大的竞争优势（硬实力）。这种硬实力主要表现在：产品在目标市场上占有第一或前几位的市场份额；技术处在全球或地区的领先水平，这可以用国际专利数量和质量来衡量，并且拥有相当的技术储备，这可以用每年研发经费占销售收入之比例来衡量；品牌拥有较高的市场价值，在用户中占据较高的位置；参与行业标准、国家标准、国际标准的起草和制定。

第二，从加入国内行业及经济组织开始，获取并积累相关经验和能力。尤其是加入国际组织的中国委员会（例如中国国际商会等），对经验积累和能力提升的作用更大。

第三，从加入行业性／专业性国际组织开始，彻底改变国际组织对中国人的"3S"印象（Smile、Silence、Sleep）。其关键在于代表企业参加的个人的素质和能力，不仅要在技术领域有较高的水平和能力，而且要具备相当高的公司外交／公共外交素养和能力。后者正是企业的软实力，需要学习和运用外交与国际关系方面的知识和方法。

第四，在交往中探讨合作，在合作中提升交往能力。熟悉、掌握和运用国际组织相关规则是交往能力的关键，在交往过程中探讨合作可能性。由于国际组织本身就是合作的产物，合作已是国际组织的基本文化要素，因此，与国际组织探讨合作的可行性高于其他类组织。合作要从简单到复杂、从单项到多项、从双边到多边，逐步推进。在合作的过程中，除完成合作任务外，还需要把提升交往能力作为目标加以实现。

第五，在硬实力与软实力都达到一定水平的时候，可选择主题和时机，探索创设新的国际组织。

参考文献

联合国工业发展组织国际太阳能技术促进转让中心官方网站：www.unido-isec.org。

后　记

本书思路的形成

2009 年是我研究与工作的重要转折点。之前，我一直从事企业战略与跨国公司研究，并在内地民营企业和香港上市公司工作多年。2009 年和 2010 年，我与合作者发表了三本著作：（1）《中外企业跨国战略与管理比较》（中国商务出版社，2009）。（2）《海外华人跨国公司成长新阶段》（经济管理出版社，2009）。（3）《中国企业跨国并购 10 大案例》（上海交通大学出版社，2010）。现在看来，这是我关于企业战略与跨国公司研究工作的阶段性总结。

2010 年 1 月开始，我应韩方明博士的邀请担任察哈尔学会秘书长，该学会是中国非官方外交与国际关系智库。在此，我接触到公共外交等外交与国际关系知识之后，就一直在思考"跨国公司与国际关系"这个主题，并与研究员们共同探讨。在繁忙、紧张的工作之余，我一直在搜集这个主题的研究文献。阅读这些文献后，我了解到：跨国公司管理者需要外交与国际关系方面的理论知识和方法，但商学院很少开设这类课程。在美国，只有三所商学院开设了类似的课程。在中国，至今还没有这类课程。到 2016 年 4 月我离开学会时，也没有发表相关的论文和著作。

2018 年年初，商务部委托中国服务外包研究中心对 2009 年出版的"跨国经营管理人才培训教材系列丛书"进行增补修订。中国服务外包研究中心副主任邢厚媛希望我们在修订版中增加有关中国企业参加"一带一路"建设的内容。这给我提供了一个极好的机会：把多年来一直思考的关于跨国公司与国际关系的问题，放在中国企业共建"一带一路"的场景中进行初步研究。

2018 年 8 月，在完成该教材修订增补工作之后，我在"一带一路百人论坛"微信公众号上发表了多篇小文章，主题集中在"一带一路"企业行动上：（1）《什么样的项目和企业才能算是"一带一路"的？》（2018 年 7 月 25 日）。（2）《中国企业"一带一路"建设路线图》（2018 年 8 月 9 日）。（3）《如何评估投资项目的"一带一路"含量》①（2018 年 8 月 11 日）。（4）《通过战略联盟，建设"一带一路"》（2018 年 8 月 24 日）。这些文章的核心观点是：中国企业共建"一带一路"需要实现共同发展、民心相通和参与全球经济治理的三重使命；或者以这三个维度来衡量和评估企业共建"一带一路"的贡献程度。

2018 年 9 月 17 日至 18 日，"一带一路"理论研讨会在上海举行。我应邀参会并做了"'一带一路'与共同现代化"的简短发言。会后，中国国际经济交流中心总经济师陈文玲问我："你今天怎么没讲'一带一路'的企业理论？"我说："还没有想好。"

由此开始，我萌生写一本书的想法，并与北京大学翟崑教授讨论：提出一个新概念——国际（全球）商业共同体，把共建"一带一路"和构建人类命运共同体的原则和要求具体落实到中国企业上；把中国

---

① 该文被《中国一带一路年鉴 2018》（中国商务出版社，2018）收录。

企业共建"一带一路"所需要的多学科理论知识和方法整合在该概念中，形成一个理论框架。再以该理论框架为分析工具，探讨企业战略与行动层面的创新问题。

同时，我继续在"一带一路百人论坛"微信公众号上发表有关中国企业共建"一带一路"的文章。例如：（1）《合作型企业应成为"一带一路"建设的主要行动者》（2018 年 9 月 21 日）。（2）《"双胞胎"企业："一带一路"建设的理想主体》（2018 年 9 月 28 日）。（3）《第三方市场合作：政府双边推动，中央企业主导》（2018 年 10 月 13 日）。（4）《共建"一带一路"的 LCD 模式》[①]（2018 年 10 月 15 日）。

"众筹"大家的思想

2018 年 10 月 15 日，我把合作研究的初步成果——《国际商业共同体："一带一路"企业理论探索》（征求意见稿，2018 年 10 月 17 日，"一带一路百人论坛"微信公众号全文刊出[②]）一文通过微信发至近百名老师和朋友，广泛征求大家的意见，帮助我找出其中存在的问题。许多老师和朋友为我贡献了他们的思想、意见和看法。其主要表达方式有：通过微信文字或语音；另写专文或在原稿中标注；电话沟通或面对面交流。这些思想和看法对本书的写作提供了巨大的帮助。我在此对这些老师和朋友表示衷心的感谢！感谢你们的参与，感谢你们的无私奉

---

① 该文后发表在《丝路瞭望》2019 年第 1 期。

② 2018 年 10 月 22 日发表《民心相通——中国公共外交的新目标》；2018 年 10 月 29 日发表《中国企业"一带一路"公共外交行动路线图》；2018 年 10 月 30 日发表《公共外交：中国企业的"新课程"》。

献，感谢你们的肯定和鼓励！

这些老师和朋友是（以回复时间为序，未列入仅点赞者）：

1. 阿里巴巴集团副总裁、阿里研究院院长高红冰

2. 中国人民大学重阳金融研究院执行院长王文

3. 复旦大学教授金应忠

4. 宁波诺丁汉大学李达三讲席教授李平

5. 中国翻译协会常务副会长黄友义

6. 贾绍连先生

7. 澳大利亚国立大学中华全球研究中心研究员桑晔

8. 察哈尔学会秘书长和志耕

9. 中国现代国际关系研究院研究员宿景祥

10. 中国民生银行研究院院长黄剑辉

11. 丝绸之路城市研究院院长刘志勤

12. 清华大学教授胡鞍钢

13. 北京大学教授叶自成

14. 中国社会科学院南非研究中心副秘书长智宇琛

15. 清华大学技术创新中心研究员宋保华

16. 中车工业研究院有限公司田钢

17. 中国现代国际关系研究院宋清润

18. 零点有数董事长袁岳

19. 国家发展和改革委员会社会司司长欧晓理

20. 全球化智库理事长王辉耀

21. 美国洛厄尔麻省大学曼宁商学院创业与创新副教授孙黎

22. 东方工业园董事卢其忠

23. 中国现代国际关系研究院副院长傅梦孜

24. 三一重工股份有限公司（北京分公司）副总经理王劲松

25. 华立集团海外事业部总经理郭峻峰

26. 商务部国际贸易经济合作研究院研究员金柏松

27. 中国科学院大学经济管理学院教授吕本富

28. 中国信息经济学会名誉理事长杨培芳

29. 吴永泽先生

30. 储开方先生

31. 上海寰鼎投资管理有限公司董事王清兵

32. 中共中央对外联络部当代世界研究中心研究员赵明昊

33. 北京大学光华管理学院教授蔡曙涛

34. 中安保国际风险管理咨询有限公司首席战略官余万里

35. 中国社会科学院世界经济与政治研究所研究员康荣平

36. 赛诺保险经纪（香港）有限公司董事长刘晓帆

37. 河南省邓州市副市长许惠龙

38. 中信银行总行集团客户部张灵芝

39. 中国人民大学中国公益创新研究院院长、教授康晓光

40. 中国人民大学国际关系学院教授李巍

41. 中国现代国际关系研究院研究员刘军红

42. 潍柴集团新能源规划总监孙恒政

43. 中国扶贫基金会国际发展部主任伍鹏

44. 北京大学国际关系学院副教授刘海方

45. 北京师范大学教授吕晓莉

46. 中国标准化研究院研究员岳高峰

47. 中国大数据应用研究会副秘书长、研究员杨军

48. 暨南大学国际关系学院／华侨华人研究院副教授吉伟伟

49. 上海现代科技创新研究中心主任蒋学伟

50. 北京大学国际关系学院本科生张添之

下一步的研究工作

2019 年 1 月 29 日上午，商务部召开对外投资合作公共服务产品专题新闻发布会，发布了三个公共服务产品：商务部委托商务部国际贸易经济合作研究院编制的 2018 年版《对外投资合作国别（地区）指南》，委托中国服务外包研究中心编制的 2018 年版《中国对外投资发展报告》和修订版"跨国经营管理人才培训教材系列丛书"。以上三个公共服务产品中，我是其中两个产品的作者之一：在 2018 年版《中国对外投资发展报告》中，我的论文《战略联盟：中国企业共建"一带一路"的主导方式》被收录；在"跨国经营管理人才培训教材系列丛书"中，我与康荣平老师执笔《中外企业国际化战略与管理比较》一书。

在发布会上，邢厚媛副主任专门介绍了我们执笔的《中外企业国际化战略与管理比较》分册。她说，该分册介绍了当代跨国公司的发展与类型。特别是金融危机发生以来，全球的政治、经济、安全、科技格局都在发生非常大的变化，全国跨国公司都在进行战略调整。这一分册关注了目前新时期国际跨国公司的发展与类型，指出中国跨国公司发展的新目标是要成为世界级的跨国公司；特别指出，像日本和墨西哥的跨国公司，应该是中国跨国公司现阶段去学习的目标，因为国内的发展环境、发展条件、发展基础，我们可能不会一下子走向美

国和欧洲那种发展模式的跨国公司，但是日本和墨西哥的跨国公司是一种符合后发型跨国公司发展的路径；还指出中国跨国企业成长战略方向以及针对不同市场的战略类型，比如针对"严防死守"市场的嵌入战略、针对"无心关注"市场的利基战略、针对"被迫放弃"市场的承接战略、针对"新技术型市场"的抢先战略等；探讨了互联网条件下的跨国公司组织结构的新变化，国际研发战略联盟的新方式以及中国企业在"一带一路"的新战略使命；等等。

今天，本书正式出版发行。

本书提出了"全球商业共同体"概念，并从理论、战略和行动三个层面进行了说明，这只是"跨国公司与国际关系"系列研究工作的开始。如何将全球商业共同体发展成为一种新的企业理论、战略理论、组织理论和行动理论，需要更多的资源投入和人员加入。我们衷心希望各位有兴趣的读者加入其中，形成一个学术研究共同体，逐步、合作完成这个宏大的共同使命。

正如"合作"是全球商业共同体的核心关键词一样，合作也是全球商业共同体之研究共同体形成的主要途径和方式。我们期待与各位读者以合作的方式开展以下方面的研究与推广工作：

一是关于合作的研究。许多学科都探讨过合作，但目前并没有形成关于合作的一般理论。鉴于合作在全球商业共同体中的核心地位和关键作用，我们需要以多学科的合作研究成果为基础，形成关于合作的一般理论，并运用到全球商业共同体中。

二是基础理论的研究。本书仅把全球商业共同体所需要的多学科理论知识和方法进行了列举，这与全球商业共同体基础理论的要求还有相当大的差距。下一步需要把基本概念通约化和学理化，从理论逻辑上把所有相关知识有机地结合起来，形成一个有机整体。

三是行动案例的研究。本书仅介绍了少量的中国企业案例，下一步需要扩大案例对象范围（至少包括共建"一带一路"的每个类型的场景），对每个案例进行深入研究，归纳并总结出有规律性的内容，既作为理论的经验基础，又可供后来行动者学习和借鉴。

全球商业共同体之研究共同体欢迎您的加入！有兴趣者可通过电子信箱（13911051649@163.com）联系我们。

特别致谢

序言作者赵启正和刘起涛。赵启正先生是第十一届全国政协外事委员会主任，也是察哈尔学会国际咨询委员会名誉主席、《公共外交季刊》总编辑。我担任察哈尔学会秘书长、《公共外交季刊》编辑部副主任时，很荣幸在他直接领导下工作多年。刘起涛先生是中国交通建设集团有限公司董事长，该集团及其旗下中国路桥、中国港湾、振华重工都是中国企业共建"一带一路"的著名品牌。

封底推荐语作者：王义桅是中国人民大学国际事务研究所所长、欧盟"让·莫内讲席教授"，赵磊是中共中央党校（国家行政学院）国际战略研究院教授、国际关系和"一带一路"研究所所长、一带一路百人论坛发起人，金鑫是中共中央对外联络部当代世界研究中心主任、"一带一路"智库合作联盟秘书长，孙黎是全球战略管理博士、美国洛厄尔麻省大学曼宁商学院创业与创新副教授，邢厚媛是中国服务外包研究中心副主任、商务部国际贸易经济合作研究院原副院长。

康荣平老师。我与康老师自1985年开始合作研究，从技术引进与转移，到企业战略（利基战略、国际化战略），再到跨国公司（华人跨国公司与中国跨国公司）等。30 多年来，我们一直共同探讨问题并发表上百篇论文和近 10 本著作。我拥有的企业战略与跨国公司的理论知识，皆来源于此。

韩方明博士。韩博士是察哈尔学会的创会会长，第十一、第十二、第十三届全国政协外事委员会副主任。我担任该学会秘书长期间（2010年 1 月至 2016 年 4 月），师从多位比我年轻的学者：赵可金、王义桅、赵磊、翟崑、熊炜、刘成、罗林、钟新、庞中英、刘亚伟、赵明昊、李晨阳、余万里、张志洲、张胜军、李巍、薛力、于运全、陈平、刘然玲、赵新利、吕晓莉、陈雪飞、欧亚、龙兴春、朱承铭、孙谊、兰斌、何涛等。我拥有的外交与国际关系、和平学与国际传播的理论和知识，皆来源于此。

翟崑教授。在全球商业共同体概念形成过程中，翟教授一方面肯定其立意和框架，另一方面提出了若干具体的问题，进而使本书的逻辑更加清晰和自洽。我们合作发表了《全球商业共同体：企业共建"一带一路"的理论探讨》一文（载赵磊主编《"一带一路"年度报告（2019）：企业践行》，商务印书馆，2019）。

史志钦教授。2019 年 1 月 17 日下午，应史教授邀请，我到清华大学明斋 315 会议室向多位研究生讲述本书的主要内容，并与他们探讨有关问题。这是我第一次全面介绍本书。

柯银斌

2019 年 2 月 22 日